D1704129

Un changement d'espérance
La Déclaration du 9 mai 1950

Jean Monnet et Robert Schuman, au Quai d'Orsay, à Paris,
à l'époque du Plan Schuman

Un changement d'espérance

La Déclaration du 9 mai 1950
Jean Monnet – Robert Schuman

Henri Rieben
Martin Nathusius
Françoise Nicod
Claire Camperio-Tixier

Fondation Jean Monnet pour l'Europe
Centre de recherches européennes
Lausanne, 9 mai 2000

Cet ouvrage a été publié avec le concours
de la Commission européenne, Bruxelles,
à laquelle la Fondation Jean Monnet pour l'Europe
exprime toute sa reconnaissance.

ISBN 2-88100-081-9

© 2000 – Tous droits réservés pour tous pays
Fondation Jean Monnet pour l'Europe et
Centre de recherches européennes, Lausanne

Remerciements

A la ressource de mémoire constituée par les archives de Jean Monnet, les papiers européens de Robert Schuman, les archives de Robert Marjolin, les fonds Paul Reuter, François Fontaine, Jacques et Nadine van Helmont, Paolo Emilio Taviani, Alexandre Marc, Felix Somary, Earl of Perth, Rolf et Barbara Roth, Philippe de Selliers de Moranville, Robert Pendville, André Visson et Robert Triffin, diverses institutions et personnes ont ajouté la mise à disposition de documents historiques complémentaires des nôtres, ou nous ont aidés dans nos recherches. Nous remercions en particulier:

Allemagne

Ludwig Biewer, Politisches Archiv des Auswärtigen Amtes, Bonn.

Norbert Kohlhase, ancien porte-parole de la Commission européenne à Genève, ancien représentant de la Commission européenne à Athènes, Chernex-sur-Montreux.

Franz-Josef Kos, Auswärtiges Amt, Bonn.

Nikolaus von Mach et Marie-Hélène von Mach, née Baronesse von Stempel, Bruxelles.

Hans Peter Mensing, chef du département d'édition, Stiftung Bundeskanzler-Adenauer-Haus, Rhöndorf, Bad Honnef.

Jürgen Real, Bundesarchiv, Koblenz.

Belgique

Christian Ballister, conservateur du Service photographique de la Bibliothèque Royale, Bruxelles.

Pierre Cockshaw, président de la Bibliothèque Royale, Bruxelles.

Françoise Peemans, conseiller archiviste, Direction des archives du Ministère des affaires étrangères, du Commerce extérieur et de la Coopération au Développement, Bruxelles.

Robert Pendville, directeur honoraire de la Commission européenne, Bruxelles.

Antoinette Spaak, ministre d'Etat, Bruxelles.

France

Louis Amigues, directeur des archives du Ministère des affaires étrangères, Paris.

Henry Beyer, «Ami de toujours et pour toujours» de Robert Schuman, ancien directeur de cabinet de Robert Schuman, procureur général honoraire, Paris.

Paul Collowald, directeur général honoraire de l'Information du Parlement européen, Strasbourg.

Grégoire Eldin, conservateur aux archives du Ministère des affaires étrangères, Paris.

Jean François-Poncet, ancien ministre des Affaires étrangères, président de la Commission des affaires économiques du Sénat, Paris.

Michel Montet, attaché commercial à l'ambassade du Canada, Paris.

Jacques-René Rabier, ancien directeur de cabinet de Jean Monnet, directeur général honoraire de la Commission européenne, Bruxelles.

Françoise Schonfeld, ancienne secrétaire de Jean Monnet, L'Etang-la-Ville.

Grande-Bretagne

The Right Hon. Sir Edward Heath, KG MBE MP, ancien Premier Ministre, Father of the House of Commons, Londres.

Italie

Maria Romana Catti-De Gasperi, Rome.

Fondation Alcide De Gasperi, Trente.

Maria-Grazia Melchionni, présidente du Pôle européen Jean Monnet-Luigi Einaudi, professeur titulaire de la chaire Jean Monnet d'histoire et politique de l'intégration européenne à l'Université La Sapienza, Rome.

Pietro Pastorelli, chef du service historique et de la documentation au Ministère des affaires étrangères, Rome.

Comtesse Anne Sforza, Strasbourg.

Paolo Emilio Taviani, ancien chef de la Délégation italienne à la Conférence du Plan Schuman, ancien ministre, ancien vice-président du Sénat, sénateur à vie, Rome.

Luxembourg

Jean-Claude Juncker, Premier ministre, Luxembourg.

Jacques-F. Poos, ancien ministre des Affaires étrangères, député et questeur au Parlement européen, Esch-sur-Alzette.

Gilbert Trausch, ancien professeur à l'Université de Liège, directeur du Centre d'études et de recherches Robert Schuman, Luxembourg.

Pierre Werner, ministre d'Etat honoraire, Luxembourg.

Pays-Bas

Max Kohnstamm, ancien secrétaire de la Haute Autorité de la CECA, ancien vice-président du Comité d'action pour les Etats-Unis d'Europe, premier président de l'Institut universitaire européen de Florence, Houyet.

Dirk Spierenburg, ancien ambassadeur, ancien vice-président de la Haute Autorité de la CECA, Wassenaar.

Bert van der Zwan, Service de documentation et d'information, Ministère des affaires étrangères, La Haye.

Suisse

Jean Genoud, Entreprise d'arts graphiques, Le Mont-sur-Lausanne.

Philippe Klein, Fondation Jean Monnet pour l'Europe, Lausanne.

Edwin Ruegg, Binningen.

Nous tenons à associer à cet hommage de gratitude Georges Wicky, artiste, décédé en 1995, qui dès leur création a conçu le graphisme des *Cahiers rouges*.

Etats-Unis

Robert Bowie, ancien professeur de l'Université de Harvard, ancien directeur du Policy Planning Staff au Département d'Etat, Towson MD.

Ellen McCloy, Washington.

Jean Monnet a donné à sa Fondation, avec son nom et ses archives, la mission de créer une mémoire vivante de la réconciliation et de l'union des Européens. Il l'a voulue indépendante et responsable. La publication du présent ouvrage pour le cinquantenaire de la Déclaration du 9 mai 1950 est l'occasion bienvenue de remercier les institutions et les personnes qui l'aident à accomplir sa mission, en particulier:

La Commission européenne, Bruxelles
Jacques Santer, ancien président, ministre d'Etat honoraire, député au Parlement européen
Romano Prodi, président
La Confédération suisse, Berne
L'Etat de Vaud, Lausanne
L'Université de Lausanne, Dorigny
La Ville de Lausanne
La Commune d'Epalinges
La Loterie Romande
Les abonnés des *Cahiers rouges*
Les centaines de donateurs
Les membres des Conseils de la Fondation

Ainsi s'accomplit dans la durée le pacte de confiance qui nous lie à l'Inspirateur et aux Fondateurs de l'Europe communautaire, en même temps qu'à nos concitoyens vaudois, suisses et européens.

Table des matières

Le Plan Schuman a perm
somme des souffrances ind
accumulées au cours de d
d'un entre-deux-guerres
chômage et la montée de
Schuman a été la source
un repère pour nos vies e
de paix en Europe. Notr
s'élever à son tour à la h
l'action des Fondateurs a
rations qui nous suivent c

s de donner un sens à la
cibles et des destructions
eux conflits mondiaux et
marqué par la crise, le
s totalitarismes. Le Plan
d'un souffle d'espérance,
l'origine d'un demi-siècle
e génération se doit de
auteur de la vision et de
in de faire pour les géné-
e qu'ils ont fait pour nous.

A l'origine, la souffrance et les destructions

L'idée de l'Europe Unie s'enracine dans la souffrance et les destructions des guerres que les Européens se sont infligées à eux-mêmes et ont infligées au monde

6 novembre 1918

« Nous ne pouvons pas, vois-tu, juger ce qui se passe dans le cœur du combattant. Il a trop souffert. Ce qui est démoralisant, c'est qu'il combat sans haine, sentant bien que, quoi qu'on en dise, la plupart de ses ennemis combattent dans le même sentiment. Il ne hait plus qu'une chose, la guerre, et il en est l'esclave. Et s'il consent à souffrir encore, ce n'est plus pour l'Alsace-Lorraine, ou contre le Boche. S'il meurt, c'est pour vivre... S'il tue, c'est pour aimer. Ce qu'il y a d'insensé dans une telle situation a de quoi donner le délire. Mais ce délire, au fond, est raisonnable, et fous sont ceux qui ne le comprennent pas. Je me demande si on comprendra. J'ai peur pour l'humanité, parce que ceux qui la dirigent n'ont pas fait la guerre. »

Henri Fauconnier: *Lettres à Madeleine, 1914-1919*, Stock, Paris, 1998, p. 329.

« Une fois le national-socialisme vaincu, il faudra imaginer des formes nouvelles pour unir l'Europe car, dans le passé, certains l'avaient tenté par la force. Sans une réconciliation sincère et définitive entre Français et Allemands, une Europe pacifique n'est pas pensable. Assez de guerres civiles! Nos populations des frontières sont bien placées pour le savoir. Les frontières qui nous séparent aujourd'hui ne doivent pas être une barrière entre des peuples, entre des hommes qui, en fin de compte, n'ont jamais été eux-mêmes à l'origine des conflits. Il faut en finir avec la notion ‹d'ennemi héréditaire› et proposer à nos peuples de former une communauté qui sera le fondement, un jour, d'une patrie européenne... Si nous agissons de la sorte, nous aurons accompli les dernières volontés des morts de tous les pays. »

Robert Schuman, dialogue avec Georges Ditsch dans le Palatinat, où Robert Schuman se trouve en liberté surveillée, au printemps 1942. Cité par Paul Collowald, in *Charleroi: une ville au cœur de l'Europe.* « 9 mai 1950 – 18 h 00. Salon de l'Horloge. Quai d'Orsay. Hommage aux Pères de l'Europe », Charleroi, 1992, p. 56.

En août 1950, à l'île de Ré

« Cet été-là, le souvenir m'en est resté, deux jeunes permissionnaires discutaient des événements à la terrasse d'un café. ‹Avec le Plan Schuman, dit l'un d'eux, une chose est sûre, c'est que le soldat n'ira plus faire la guerre.› Il fallait absolument que cette confiance ne soit pas déçue. »

Jean Monnet: *Mémoires*, Fayard, Paris, 1976, p. 397.

Les prémices d'une idée

Durant la guerre

Dès la Première Guerre mondiale, une vision et une action incarnées

En 1914, lors de la déclaration de guerre, Jean Monnet comprit que les Alliés n'avaient pas prévu d'organisation commune dans le domaine de l'économie. Il alla proposer au président du Conseil français un plan de coordination des ressources essentielles au conflit. Envoyé à Londres, il contribua à réaliser un pool de navires et d'approvisionnement en matières premières qui permit de surmonter en 1917 le péril de la guerre sous-marine.

L'historien Jean-Baptiste Duroselle écrit à ce propos: « En un sens, on peut dire que la flamboyante victoire de Foch a été facilitée, et même rendue possible par l'action obscure de Jean Monnet. »

La Grande Guerre des Français, 1914-1918, Perrin, Paris, 1994, p. 252.

En 1919, Jean Monnet participe à la création de la Société des Nations, qui se donne pour objectif d'organiser la Paix. Mais elle ne peut agir que par la persuasion. Bientôt le droit de veto la paralysera.

Dans le champ de ruines que constitue l'Europe après la guerre, Jean Monnet est confronté aux problèmes des relations entre la France et l'Allemagne à propos de la Sarre et des rapports entre l'Allemagne et la Pologne au sujet de la haute Silésie. Son action s'élargit à l'Autriche et à la Roumanie. Il est appelé en Chine pour conseiller Chiang Kai-shek qui veut moderniser son pays.

« Nous dînions chez Murnane à Long Island, un jour de septembre 1935, quand Foster Dulles arriva avec la nouvelle des décrets contre les Juifs que Hitler venait de prendre en Allemagne. ‹ L'homme qui est capable de faire cela fera la guerre, dis-je à mes amis. L'esprit de discrimination et de domination ne connaît pas de limites ›. »

Jean Monnet: *Mémoires, op. cit.*, p. 137.

Jean Monnet et ses amis observent le déséquilibre qui se creuse entre l'aviation de guerre allemande d'une part et française et britannique d'autre part. Ils persuadent le Gouvernement français et son président, Edouard Daladier, de passer une commande d'avions de guerre aux Etats-Unis, et le président Roosevelt d'entreprendre l'expansion de l'industrie aéronautique américaine afin de contribuer à rétablir cet équilibre stratégique.

Au début de la Seconde Guerre mondiale, Jean Monnet assume à nouveau à Londres la coordination de l'approvisionnement économique de la France et du Royaume-Uni. En 1940, il s'y trouve lorsque le général de Gaulle arrive.

Deux exemples de l'effort déployé pour aider les Démocraties alliées à gagner la guerre

Déclaration d'Union franco-britannique Londres, 16 juin 1940

Au moment où s'achève dans la défaite la bataille de France, Winston Churchill, Paul Reynaud et le général de Gaulle tentent, à l'inspiration notamment de Jean Monnet, un effort désespéré pour maintenir la France dans la guerre aux côtés de ses alliés. Tel est le sens de la Déclaration d'Union du 16 juin 1940. Le lendemain, le pouvoir passe des mains du président du Conseil, Paul Reynaud, dans celles du maréchal Pétain. Le 18 juin, le général de Gaulle lance de Londres son appel à la résistance.

Balance Sheet Washington, été 1941

A la signature de l'armistice entre la France et l'Allemagne, Jean Monnet reçoit de Winston Churchill la mission de participer à Washington à l'organisation de l'approvisionnement du Royaume-Uni. En fait, il participe à la conception et à l'animation du *Victory Program* du président Roosevelt. Des dizaines de milliers d'avions et de chars seront construits. Ils serviront à la libération de l'Europe. A ce sujet, John Maynard Keynes a estimé que la contribution de Jean Monnet a permis de réduire la guerre d'un an, et Robert Nathan, conseiller de Roosevelt en ces matières, a souligné que « Jean Monnet a peut-être été le personnage le plus important de la victoire américaine dans la Seconde Guerre mondiale. Certainement un des tout grands. »

Interview de Robert Nathan, réalisée par Leonard Tennyson, le 18 décembre 1981, à Washington D.C.
Fondation Jean Monnet pour l'Europe, Lausanne.

The following draft proclamation has been drawn up by General de Gaulle, Monsieur Monnet, Monsieur Pleven, Major Morton and myself. We are all agreed that the text is the most suitable and effective that we can devise - and the most appropriate for its purpose. It may of course be susceptible of improvement; but we are all profoundly convinced, and venture therefore to urge most strongly that not only breadth and brevity of statement but also speed are to the very essence of this matter; and with this overriding consideration in view we would beg that this text, or something very near its nature, may be authorised and entrusted at once to General de Gaulle, in order that he may carry it back today and place it in the hands of Monsieur Reynaud as early as possible, and in any case not later than this evening. The agreed text should, however, meanwhile, and in advance of the General's return, be communicated on the telephone by him to Monsieur Reynaud.

R.V.

16th June, 1940.

THE DECLARATION OF UNION.

At the most fateful moment in the history of the modern world, the Governments of the United Kingdom and of the French Republic desire to make this declaration of indissoluble union and unyielding resolution in defence of liberty and freedom against subjection to a system which reduced mankind to a life of robots and slaves.

The two Governments declare that France and Great Britain shall no longer be two nations but one.

There will this be created a Franco-British Union.

Every citizen of France will enjoy immediately citizenship of Great Britain, every British subject will become a citizen of France.

The devastation of war wherever it occurs shall be the common responsibility of both countries and the resources of both shall be equally, and as one, applied to its restoration.

All customs are abolished between Britain and France.

There shall be not two currencies but one.

During the war there shall be one single War Cabinet. It will govern from wherever it best can. The two Parliaments will unite. A constitution of the Union will be written providing for joint organs of defence and economic policies.

Britain is raising at once a new army of several million men, and the Union appeals to the United States to mobilize their industrial power to assist the ptompt equipment of this new army.

All the forces of Britain and France, whether on land, sea or in the air are placed under a supreme command.

This unity, this union, will concentrate the whole of its strength against the concentrated strength of the enemy, no matter where the battle may be.

And thus we shall conquer.

The foregoing proclamation should be taken today by General de Gaulle to Monsieur Reynaud and made public tonight both in France and this country.

	1941	
A. OPERATIONAL		
Bombers		
Heavy Bombers	2920	1018
Medium Bombers	5430	2250
Army Support Bombers		1500
Dive Bombers		1500
General Reconnaissance	1450-	1732
TOTAL BOMBERS	9800	8000
Flying Boats	300+	300
Fighters	3500	3500
Miscellaneous (Fleet Air Arm etc)	-	700
TOTAL OPERATIONAL	13600	12500
B. TRAINERS		
Single-engine advanced trainers	1800	6200
Twin-engine advanced Trainers (class-rooms)	3580	800
Miscellaneous (wireless trainers)	530	-
Elementary trainers	-	2500
TOTAL TRAINERS	5910	9500
GRAND TOTAL	19510	22000

1942		Total		Comments (ex BRINY 3377)
8000	3365	10920	4383	BAC will not revise upwards (para 14)
	4610		6860	New capacity for these will be undertaken only if it does not interfere with new heavy bomber capacity (para 13)
8370	3340	13800	4840	
	3345		4845	
830	2340	2280-	4072	
17200	17000	27000	25000	
600	700	900+	1000	No change (para 7)
6000	5000	9500	8500	BAC will not revise upwards in order not to interfere with new heavy bomber capacity (para 6)
–	–	–	700	
23800	22700	37400	35200	
1500	6300	3300	12500	BAC will abandon request for new capacity (para 9). This reduces 1942 figure to 1490; total 1941/2 – 7690.
1500	1500	5080	2300	BAC considers single-engined trainer will do for meeting most of this (para 9).
–	–	530	–	
–	–	–	2500	Will be dropped (para 9)
3000	7800	8910	17300	
26800		46310	52500	

Balance Sheet, Washington, été 1941

Une vision et un plan d'action pour gagner la Paix après la guerre

Note de réflexion du 5 août 1943, à Alger
La vision de Jean Monnet

En 1942, l'Afrique du Nord est libérée. Jean Monnet participe dès février 1943 à l'union des Français de Londres et des Français d'Afrique déterminés à se battre aux côtés des Alliés, et à l'équipement de l'Armée française de Libération avec le matériel américain. L'expérience que Jean Monnet a accumulée pendant deux guerres pour aider les Alliés à les gagner et à la Société des Nations dans l'entre-deux-guerres pour tenter de substituer une logique de paix à la logique de guerre l'amène à développer une réflexion qui fait écho à celle que Thucydide prête aux Athéniens dans son Dialogue des Méliens: dans les relations entre Etats, «la justice dépend de la capacité de contraindre; les forts font ce qu'ils ont la puissance de faire, et les faibles acceptent ce qu'ils doivent accepter».

En Europe, au terme d'une guerre de trente ans qui s'est élargie au monde, les protagonistes ne pourront dépasser cet état de nature que s'ils acceptent de se soumettre à des règles établies en commun, et applicables à tous.

Jacques Delors: «Epilogue» in *Europe: L'impossible statu quo,* Club de Florence, Stock, Paris, 1996, p. 270.

A Alger, en été 1943, Etienne Hirsch observe…

«Un matin, je trouve Jean Monnet en profonde méditation devant une carte d'Europe posée sur son bureau et balafrée de traits de crayon.

»Me montrant la région de la Ruhr et de la Lorraine, il m'explique que de là venait tout le danger. C'était grâce aux productions de charbon et d'acier que l'Allemagne et la France forgeaient les instruments de la guerre. Pour empêcher un nouveau conflit, il fallait, sous une forme ou sous une autre, soustraire cette région aux deux pays qui, par trois fois en moins d'un siècle, s'étaient affrontés.

»Nous discutâmes longtemps. Pour ma part, j'estimais utopique l'idée que l'on pourrait arracher de tels territoires, sources de tant de richesses, à des pays souverains et, après plus de mille ans, reconstituer la Lotharingie. Il fallait trouver autre chose. La solution ne jaillit pas ce jour-là, mais le problème chemina dans l'esprit de Monnet pour aboutir six ans plus tard au concept de la Communauté européenne du charbon et de l'acier.»

Etienne Hirsch: *Ainsi va la vie.* Fondation Jean Monnet pour l'Europe et Centre de recherches européennes, Lausanne, 1988, pp. 78-79.

Dans une note, Jean Monnet précise alors ce qu'il y a lieu de faire après la guerre pour réconcilier et unir les Européens et comment il s'agit de procéder concrètement.

Jean Monnet à Alger,
en 1943

5 Août 1943.

- I -

Le développement de la guerre est tel que l'on peut imaginer sa fin prochaine. L'Italie est à la veille d'abandonner la lutte, l'Allemagne donne des signes évidents de faiblesse: l'échec de sa campagne sous-marine marqué au moment même où les forces et le matériel alliés traversent l'Atlantique en nombre croissant par une chute chaque mois plus grande des pertes alliées en tonnage: 700.000 tonnes en Janvier, graduellement abaissées à moins de 100.000 tonnes à l'heure actuelle - La faiblesse de ses forces aériennes - Son impuissance à dégager des troupes de Russie en quantités suffisantes pour soutenir l'Italie - tout cela indique, sans qu'aucun doute soit possible, que l'heure de son écroulement approche, Même sans défaite militaire l'édifice allemand s'effondrera. En effet, il est possible d'étendre un système totalitaire; il est extrêmement difficile, sinon impossible, d'en contracter le mécanisme. La production allemande a certainement, depuis longtemps, atteint son point maximum. L'échec sous-marin, la faiblesse aérienne, sont des signes qui indiquent certainement une diminution de la production. Or, une production totalitaire portée à son maximum nécessite une répartition scientifiquement établie, une balance calculée entre tous les programmes, et finalement un ajustement de toutes les ressources en un plan intégré dans lequel tous les éléments dépendent finalement l'un de l'autre. Qu'il vienne à manquer un élément essentiel - matière première ou pièce essentielle - et ce n'est plus une seule partie de la production qui souffre c'est l'ensemble. La cause peut être minime, les effets sont cumulatifs. L'Allemagne certainement doit aujourd'hui subir ces conséquences de son système et de son manque de ressources.

Si l'on considère également les difficultés de retirer une armée du territoire qu'elle occupe, comme les Balkans, de rétablir des lignes de communications, de faire face dans les

.....

pays qu'elle continuera à occuper aux révoltes des peuples exaltés par la certitude de la libération prochaine, on ne peut que conclure que la fin de l'Allemagne est proche.

La chute de l'Italie, la fin de l'Allemagne, signifient la victoire des Alliés en Europe, la libération des territoires occupés. Cet événement doit se produire dans un avenir prochain. Un accident imprévu dans le réajustement de la situation, auquel doit se livrer l'Allemagne, peut amener une fin soudaine.

- II -

Dans ces conditions, il est indispensable de prévoir les mesures essentielles qui empêcheront le Continent d'Europe d'entrer dans un chaos et poseront les bases qui en permettront la reconstruction?

Dans une heure aussi grave, une responsabilité particulière incombe au Comité Français de la Libération Nationale.

En effet, de son attitude vis-à-vis de ces problèmes dépendra en grande mesure l'attitude des peuples d'Europe ainsi d'ailleurs que l'attitude des grandes puissances alliées dont les Armées vont libérer l'Europe.

De la manière dont la France, dès sa libération, rétablira sa vie nationale dans l'ordre, dépendra la stabilité européenne et la possibilité de faire une paix constructive et durable.

Sans contribution française à la conception de la Paix et de la reconstruction de l'Europe, il n'y aura qu'hésitation, confusion et incompréhension de la situation européenne.

Sans participation effective de la France au rétablissement de la Paix en Europe, il n'y aura qu'anarchie. La préoccupation de maintenir l'ordre fera que les Puissances seront plus préoccupées de voir cet ordre maintenu que les institutions qui le maintiendront; les conséquences seront l'occupation et l'acceptation obligatoire des Gouvernements de force et d'arbitraire qui

.....

s'installeront dans les différents pays. Les institutions démocratiques seront considérées comme des luxes ne permettant pas l'action rapide essentielle. Avant même que l'on puisse s'en rendre compte, nous aurons une Europe en partie occupée par les troupes alliées, en partie contrôlée nationalement par des Gouvernements arbitraires. Les institutions démocratiques auront disparu.

Les peuples désemparés chercheront un espoir de conditions meilleures. Ils voudront savoir quelles solutions ont été préparées pour résoudre ces problèmes dont l'existence a entraîné la guerre. Ils se retourneront sur les Alliés: les Etats-Unis, la Grande Bretagne, la Russie. A moins q ue les conditions aient changé, les Alliés ne leur offriront aucun plan constructif répondant à leur anxiété. Alors, nécessairement, les Gouvernements ou autorités arbitraires installés dans chaque pays libéré chercheront à satisfaire à cet appel par des formules nationalistes auxquelles ils seront d'autant plus portés que, pour se maintenir au pouvoir, ils auront dû, sous des prétextes de maintien d'ordre, supprimer les libertés essentielles de presse, etc.... et que, "dictateurs", ils subiront le sort des Gouvernements sans mandat réel qui est de rechercher dans l'exaltation nationaliste la solution passagère à des problèmes dont, dans l'état actuel du monde, la solution ne peut être apportée que sous une forme internationale. Mais la solution internationale fera défaut; la solution du rétablissement de l'ordre intérieur par des voies démocratiques fera défaut. Les Gouvernements ou autorités établis dans chaque pays n'auront pas d'autre issue que l'arbitraire intérieur et les solutions nationalistes.

Entrée dans cette voie, l'Europe sera une fois de plus perdue. Les forces anglaises et américaines seront, après une très courte période, dans l'incapacité de maintenir l'ordre dans les pays qu'elles occuperont: les désordres seront trop grands, la pression de l'opinion américaine pour le retour des "boys home" trop forte. La Russie fatiguée occupera une ligne .....

stratégique qu'elle jugera indispensable à sa sécurité. L'Angleterre, affaiblie par son effort, inquiète de l'avenir, se préoccupera de maintenir son Empire et d'assurer sa sécurité par des mesures de protection en Europe.- se retourneront vers les Etats-Unis et y rechercheront, comme la France en 1918, une sécurité illusoire par un accord individuel. En face de cet établissement soudain de Gouvernements autoritaires où elle avait compté voir s'établir des institutions démocratiques, devant le déchaînement de sentiments nationalistes et des vieilles querelles européennes auxquelles s'ajoutera la crainte de l'emprise bolchevique sur l'Europe, l'opinion publique aux Etats-Unis se réveillera soudain effrayée et le mouvement isolationiste reprendra une force immense. La guerre contre le Japon n'étant pas terminée, les Etats-Unis s'y porteront de toutes leurs forces car il y va de leur sécurité, et ils rechercheront dans le règlement européen seulement les éléments essentiels à leur sécurité. Une fois de plus, comme en 1918, la paix sera une paix négative, inspirée par la peur; les mesures seront des mesures de protection nationale, de protection de l'Amérique, de l'Angleterre, de la Russie, contre cette Europe qui a constamment troublé le Monde; de protection de chaque pays contre chaque autre pays cherchant à profiter de l'effondrement de l'adversaire d'hier pour élargir une protection nationale. Nous referons la paix de 1918. Mais cette fois la rancoeur couvrira toute l'Europe, la France y compris; les libérateurs seront honnis. Les bases de la prochaine guerre auront été posées - mais avant cette guerre nous aurons établi les bases d'une longue période de discorde, empêché le rétablissement des institutions démocratiques et assuré l'impossibilité, pour les pays d'Europe, de recouvrer leur prospérité.

.....

- III -

Cette situation catastrophique à laquelle inévitablement nous allons, ne peut être évitée que si la pensée de la France intervient pour montrer le danger, indiquer la voie et proposer les méthodes qui permettraient tout au moins de s'efforcer de résoudre le problème. En effet, là France seule des Alliés est européenne, et c'est de la solution du problème européen qu'il s'agit: Les autres, Anglais, Américains, Russes, ont des mondes à eux dans lesquels temporairement ils peuvent se retirer. La France est liée à l'Europe. Elle n'en peut s'évader. De la solution du problème européen dépend la vie de la France. Or, nous avons vu que nécessairement le développement de la situation européenne suivant une libération prochaine entraînera nécessairement les trois grands pays à se protéger contre l'Europe, par conséquent contre la France - car aucun accord auquel la France pourrait se trouver entraînée avec l'Angleterre, l'Amérique ou la Russie ne pourra la dissocier de l'Europe avec laquelle, intellectuellement, matériellement, militairement, elle est liée.

En outre, dans une Europe libérée mais où l'Allemagne et l'Italie seront écroulées, la France redevient la première puissance continentale. De plus, son passé historique, ses traditions démocratiques,font que l'Europe regardera vers elle et attendra d'elle au moins un espoir. D'où peut-il venir, hors de la France? L'Allemagne ni l'Italie ne pourront avec autorité faire entendre leur voix; d'ailleurs, le poids des institutions totalitaires qu'elles ont inventées est trop lourd; la défaite qui marquera l'esprit de leurs peuples leur ôtera toute possibilité d'initiative constructive, Les autres pays d'Europesont petits, donc nationalistes, inquiets, et leur contribution à un ordre européen trop faible, pour que nous puissions espérer que leur action puisse être efficace.

C'est donc de la France que peut,seule, venir la conception de l'ordre nouveau européen et l'impulsion qui peut permettre

.....

~~diminuant ca~~ ainsi nous aurons
contribué à poser les bases qui permettront
d'éliminer ~~dans l'espoir~~, dans la foi
démocratique réaffirmée et dans l'espoir
d'un monde meilleur, les dangers
les plus grands de la reconstruction
européenne et de la paix : c'est-à-dire
~~le national~~ la croyance ~~fixe par~~ fixée par le nationalisme
et la souveraineté nationale affirmés
sous toutes les formes, politique et

sinon d'en espérer la réalisation complète, tout au moins de l'entreprendre et de réussir en partie.

- IV -

Mais les circonstances actuelles de la guerre, ainsi qu'il est expliqué ci-dessus, peuvent amener la défaite prochaine de l'ennemi et la libération de l'Europe. C'est pour ce moment qu'il faut être prêt; c'est avant ce moment que les arrangements diplomatiques doivent être faits et avant ce moment que les peuples d'Europe doivent être éduqués, que, dans leur esprit, soient mises les notions essentielles qui devront perm ettre le rétablissement des institutions démocratiques, l'espoir qu'un programme constructif de réorganisation europeenne leur apportera la prospérité et la paix, la foi qu'ils ne trouveront ces solutions que dans une action de coopération internationale. Ainsi, nous aurons contribué à poser les bases qui permettront d'éliminer, dans la foi démocratique réaffirmée et dans l'espoir d'un Monde meilleur, les dangers les plus grands de la reconstruction européenne et de la Paix - c'est-à-dire la croyance que par le nationalisme et la souveraineté nationale affirmée sous toutes ses formes, politiques et économiques, les anxiétés des peuples pourront être apaisées et les problèmes de l'avenir réglés.

-V -

Il faut donc agir avant que l'ennemi s'écroule. Il faut agir maintenant. C'est là le devoir du Comité Français de la Libération Nationale. Il doit arrêter une ligne de conduite, sonder les Alliés non pas pour avoir nécessairement leur agrément, mais pour tenir compte dans la forme finale de la position qu'il prendra, des points essentiels de divergence avec leur point de vue, car leur collaboration - ou tout au moins celle de certains d'entre eux - est nécessaire au succès de notre entreprise. Il doit alors parler à la France et parler au Monde.

o

o o

.....

Il n'y aura pas de Paix en Europe si les états se reconstituent sur une base de souveraineté nationale avec ce que cela entraîne de politique de prestige et de protection économique. — ~~[illegible]~~
Si les Pays d'Europe se protègent à nouveau les uns contre les autres, ~~les intrigues diplomatiques~~ la constitution de vastes armées seront à nouveau nécessaires —

- VI -

Les buts à atteindre sont:

Le rétablissement ou l'établissement en Europe du régime démocratique, et l'organisation économique et politique d'une "entité européenne".

Ces deux conditions sont essentielles à l'établissement de conditions qui fassent de la Paix en Europe un état normal. Il n'y aura pas de paix en Europe s'il est possible que s'y instituent des régimes dans lesquels le droit d'opposition n'est pas respecté et dans lesquels il n'est pas de libres élections. Ces deux conditions sont essentielles au rétablissement et au maintien de toutes les libertés essentielles de parole, de réunion, d'association, etc.... qui sont à la base même du développement de la civilisation occidentale.

Il n'y aura pas de paix en Europe si les Etats se reconstituent sur une base de souveraineté nationale avec ce que cela entraîne de politique de prestige et de protection économique. Si les pays d'Europe se protègent à nouveau les uns contre les autres, la constitution de vastes armées sera à nouveau nécessaire. Certains pays, de par le traité de Paix futur, le pourront; à d'autres cela sera interdit. Nous avons fait l'expérience de cette méthode en 1919 et nous en connaissons les conséquences. Des alliances inter-européennes seront conclues; nous en connaissons la valeur. Les réformes sociales seront empêchées ou retardées par le poids des budgets militaires. L'Europe se recrèera une fois de plus dans la crainte.

Les Pays d'Europe sont trop étroits pour assurer à leurs peuples la prospérité que les conditions modernes rendent possible et par conséquent nécessaire. Il leur faut des marchés plus larges. Il faut également qu'ils n'utilisent pas une part importante de leurs ressources au maintien d'industries soi-disant "clefs" nécessitées par la défense nationale, rendues obligatoires par la forme des Etats "à souveraineté nationale" et pro-

.....

Les Pays d'Europe sont trop étroits pour assurer à leurs peuples la prospérité que les conditions modernes rendent possible et par conséquent nécessaire. Il leur faut des marchés plus larges. Il faut également qu'ils n'utilisent pas une part importante de leurs ressources au maintien d'industries soit disant « clefs » nécessitées par la défense nationale rendue obligatoire par la forme des états « à souveraineté nationale » et protectionniste tels que nous les avons connus avant 1939.

Leur prospérité et les développements sociaux indispensables sont impossibles à moins que les états d'Europe se forment en une fédération ou une « entité européenne » qui en fasse une unité économique commune.

tectionistes, tels que nous les avons connus avant 1939.

Leur prospérité et les développements sociaux indispensables sont impossibles, à moins que les Etats d'Europe se forment en une Fédération ou une "entité européenne" qui en fasse une unité économique commune.

Il est évident qu'il n'est pas possible d'aboutir à ce "résultat européen" immédiatement et qu'une période assez longue sera nécessaire pour permettre lesdiscussions indispensables et la conclusion des accords nécessaires. Mais il est indispensable que, déjà, soient prévues les mesures qui tout au moins feraient que la réalisation n'en soit pas rendue impossible. Nous avons vu plus haut que si la libération de l'Europe se produit telle qu'on peut maintenant le prévoir les conséquences seront inévitablement l'établissement d'autorités arbitraires en Europe et la reconstitution d'Etats souverains et protectionistes, c'est-à-dire que les buts ci-dessus risquent beaucoup de ne pouvoir être atteints.

- VII -

En conséquence il apparaît que la reconstitution européenne, et par conséquent la Paix, doit être prévue en deux étapes, tant au point de vue de la reconstitution des pouvoirs politiques dans les différents Etats qu'au point de vue économique: la première période est celle qui commence lorsque les premiers soldats des armées libératrices toucheront le Continent, jusqu'au moment où un Congrès de Paix pourra être réuni.

La deuxième va du moment où le Congrès de Paix sera réuni, jusqu'à la conclusion et l'établissement - si on y aboutit - d'une entité européenne.

- VIII -

La première période, pour les raisons indiquées ci-dessus, est la plus dangereuse. D'elle dépendra toute la suite.

Au point de vue politique, il est essentiel que des mesures soient prévues, qui permettent la création immédiate dans les pays libérés de Gouvernements provisoires nommés par une consul-

.....

Page 9 - après les mots: "En effet, le Comité (ligne 6)....

il est suggéré que la rédaction soit la suivante:

"..... conformément aux documents échangés antérieurement entre le Comité National Français et le Commandement en Chef civil et militaire et, notamment, la lettre du Général GIRAUD du I7 Mai I943 et la réponse du Général de GAULLE du 25 Mai, le Comité Français de la Libération nationale exercera ses fonctions jusqu'à la date où l'état de libération du territoire permettra la formation, conformément aux lois de la République, d'un Gouvernement provisoire auquel il remettra ses pouvoirs. Cette date sera, au plus tard, celle de la libération totale du territoire "(ordonnance du 3 juin I943, article 4).

tation démocratique.

Le Comité Français, du fait des engagements pris par lui publiquement et incorporés dans son acte constitutif du 3 Juin 1943, a une position qui lui permet de montrer le chemin à l'Europe.

En effet le Comité Français s'est engagé à remettre ses pouvoirs........etc....

(à compléter)

Les différents Etats européens doivent s'engager dans la même voie, avec des formes constitutionnelles différentes chacun en ce qui le concerne. Mais rien ne pourrait donner plus de tranquillité politique à l'Europe troublée que la connaissance, avant la libération, que le premier acte des libérateurs sera de veiller à ce que soit constitué dans leur pays un "Gouvernement provisoire", selon les règles de la constitution qui assurera le gouvernement du pays jusqu'à ce que des élections au suffrage universel tenues lorsque les prisonniers, ouvriers, etc.... seront rentrés chez eux, aient constitué le Gouvernement définitif.

Cet engagement enlèvera beaucoup de force aux éléments qui, dans les différents pays, peuvent se préparer à prendre le pouvoir. En effet, dans l'ignorance qu'un Gouvernement provisoire à base démocratique sera constitué aussitôt la libération, les peuples peuvent tout soupçonner, et par conséquent des coups de force seront justifiés, ou tout au moins encouragés, En outre, si ces coups de force se produisent, au nom de quoi seront-ils réprimés par l'autorité de fait qui s'établira, sinon aux yeux du peuple pour maintenir sa propre autorité? Tandis que si une répression est nécessaire avant que soit créé le Gouvernement provisoire, l'autorité de fait réprimera les coups de force afin de permettre la constitution régulière du Gouvernement Provisoire. Dans un cas, c'est la guerre civile; dans l'autre , c'est le maintien de l'ordre dans le cadre des institutions.

Lorsque le Gouvernement provisoire est constitué, il main-

.....

Page IO - après les mots: "maintient l'ordre au nom de la Nation (lère ligne)....

il est suggéré que soit ajouté le passage suivant:

" Le maintien de l'ordre au nom de la Nation ne sera satisfaisant que s'il est réalisé dans la légalité. Tout le drame européen est celui de l'arbitraire. Le respect de la loi doit être rétabli. Le pouvoir doit être dépersonnalisé. Il faut exclure le despotisme et l'anthropolatrie. Antérieurement aux régimes totalitaires, essentiellement vers I9I4, il en était ainsi dans presque toute l'Europe.

" +Des formules vagues dans des proclamations ne suffisent pas. Il faut éclairer l'opinion publique. Depuis des années, le libéralisme et la démocratie, le respect de la loi et la vérité sont systématiquement mis dans l'ombre ou l'objet des plus violentes critiques. Il s'agit de les rétablir dans lalumière, sans polémique haineuse et sans accent de révolte, mais avec intelligence, variété et sincérité. L'opinion publique doit être informée. La jeunesse doit être instruite par la presse, la radio et l'enseignement, la démocratie et le respect de la loi doivent être imprimés dans tous les esprits et dans toutes les consciences".

maintient l'ordre au nom de la Nation.

Si, comme certains le craignent, des partis veulent profiter du désordre et de l'abandon des peuples pour imposer leur volonté et établir leur système, leur action dans ce cas revêtirait le caractère de rebellion contre les institutions et par conséquent ils s'exposeraient aux mêmes mesures de répression justifiées par les institutions auxquelles ils seront appelés à participer comme tous.

Au point de vue économique il est essentiel que soit empêchée dès l'origine la reconstitution des souverainetés économiques; par conséquent, déjà des engagements devraient être demandés de tous les Gouvernements en exil ou autorités tels que le Comité Français, de ne pas établir de droits de douane ou de contingents jusqu'à la conclusion du traité de Paix.

Outre les raisons générales indiquées ci-dessus, il est évident que l'Europe manquant de ressources aura besoin de tout ce qu'elle pourra échanger, et que la vie des peuples, au cours de cette période, serait rendue plus difficile si les produits essentiels qu'elle aura tant de difficultés à se procurer étaient encore alourdis par des droits de douane.

Il est aussi évident que si cette mesure n'est pas prise les intérêts particuliers feront pression sur les gouvernements pour la restauration des droits de douane, et que les pays les exigeront pour avoir une arme pour ce qu'il est convenu d'appeler les "négociations économiques". En un clin d'oeil le protectionisme inter-européen sera reconstitué et, pour une nouvelle période d'années, ne pourra être aboli. Avec ce protectionisme et ce "nationalisme économique", nous revenons aux conditions de l'Europe qui ont précédé I939.

- Question des monopoles d'importation et d'exportation;

- Relief;

- Mise en train des industries nationales, tout au moins pour assurer du travail;

....

Page 11 - avant le § -IX-:

" Le plan envisagé pour cette période provisoire n'aura de chances de succès que s'il est réaliste. Il devra tenir compte des expériences historiques propres à chaque pays. Il ne devra pas séparer artificiellement l'élément politique et l'élément économique car cette distinction est contraire à l'enseignement de l'histoire et aux nécessités de la vie gouvernementale. Il ne pourra se développer que dans le cadre de législations mises en sommeil depuis longtemps, ou plus récemment abandonnées, mais qui auront le mérite d'avoir existé, d'avoir été conçues et mises en oeuvre dans chacun des Etats à restaurer. Enfin, le ménanisme des élections et plus généralement des institutions démocratiques supposent un agencement administratif dont il serait peu recommandable d'improviser la structure sans se référer aux précédents de l'époque libérale".

- Question de l'Allemagne qui pourrait se trouver dans la position d'avoir la seule industrie capable de fonctionner;

- Nécessité d'un monopole du commerce extérieur géré par les Alliés;

- Restitution ~~des machines par l'Allemagne, etc....~~ par l'Allemagne des machines, etc.... prises dans les pays occupés;

- Questions financières pour cette période intermédiaire;

- L/L pour les approvisionnements d'outre-mer, etc....

Dans ces conditinns il apparaît que la première étape doit consister à créer immédiatement des pouvoirs politiques provisoires à base démocratique dans chaque Etat; à maintenir l'économie européenne dans cette période transitoire, sans que des droits de douane, etc.... soient établis; à ne tenir le Congrès de la Paix que lorsque pourront s'y réunir les Gouvernements Provisoires dûment mandatés des différents/européens.

- IX -

La deuxième étape est essentiellement le Congrès de la Paix.

- Plan de reconstruction politique et économique de l'Europe.

- Situation de l'Europe parrapport aux Etats-Unis, U.K., U.R.S.S.S

- Programme du règlement de la question allemande - mouvementsde population.

- Constitution d'un état européen de la grosse métallurgie.

- Contrôle l'autorité européenne des fabrications et des lignes d'avion;

- Association de l'U.R.S.S., U.K., U.S.A. à ces systèmes et contrôles.

- Organisation politique et financière de l'Europe.

- Organisation d'un Conseil mondal avec participation européenne.

- X -

- Situation de la France si cette politique est suivie;

- pour le Comité Français, autorité immédiate vis-à-vis du ....

du Monde et de la France;

- la position de la France dans l'Europe, sa sécurité, sa prospérité.

- XI -

Si ces lignes générales sont adoptées, il y a lieu, en outre, étant donné l'urgence de l'heure, de déterminer l'ordre de priorité des questions que le Comité Français doit régler:

a) hâterle réarmement de l'Armée française;

b) organiser le relief;

c) arrêter de suite la méthode d'adaptation de la Loi Tréveneuc, sans attendre que l'Assemblée Consultative soit constituée (une Commission des partis);

d) éliminer toute cause de division en France - Unification des mouvements de résistance - armée secrète;

e) Fixer les règles juridiques qui permettront l'épuration en France et l'élimination des collaborateurs.

f) Plan de reconstruction pour la mise en marche, dans les conditions générales indiquées ci-dessus, des industries permettant de donner le travail indispensable.

g) arrêter les mesures administratives qui seront appliquées au fur et à mesure de la libé ration.

)

)

- Mesures à prendre pour sonder U.S.A., U.K., U.R.S.S.

- Elaboration finale du plan.

- Mesures diplomatiques et d'opinion publique.

5 Août 1943.

Conversation du 17 octobre 1943, à Alger
La vision du général de Gaulle

Cet échange fait apparaître la différence de conception qui inspire Jean Monnet et le général de Gaulle dans leur manière d'envisager la construction de l'Europe et le rôle de la France dans cette entreprise.

CONVERSATION DU DIMANCHE 17 OCTOBRE 1943

Etaient présents à la conversation:

- le Général de GAULLE
- M. Jean MONNET
- M. André DIETHELM
- M. René MAYER
- M. Hervé ALPHAND.

M. Jean MONNET résume d'abord les principaux points sur lesquels portera la prochaine négociation qui doit s'ouvrir aux Etats-Unis au sujet du Relief. Afin d'empecher que ne s'établisse un état chaotique en Europe, il est nécessaire que les secours soient apportés à la population civile immédiatement après la libération. L'organisation de ces secours constitue le prélude indispensable à tout effort ultérieur de reconstruction.

Nous trouverons probablement aux Etats-Unis une opposition entre les conceptions du Comité de la Libération et celles de l'Administration américaine. D'après la thèse américaine, il semble que pendant la période dite militaire qui peut s'étendre sur une durée de trois à six mois après la libération de chaque zone occupée, le commandement interallié doit prendre en mains, non seulement le ravitaillement, mais également l'administration civile. Le Comité Français estime au contraire qu'il appartiendra à l'autorité nationale d'assurer l'administration civile et, dès la fin des opérations militaires actives, la distribution intérieure du ravitaillement, ce qui exige que soit organisée immédiatement une collaboration avec les autorités militaires, afin de déterminer le programme de ravitaillement et les formes de notre coopération sur le sol français pendant la période des hostilités.

En outre, le succès du plan de fournitures en Europe dépend de la rapidité de son exécution. L'organisation du Relief doit permettre à la fois, conformément à la thèse adoptée par le Comité de la Libération, d'empêcher une rupture de la vie économique et d'assurer les ravitaillements alimentaires les plus urgents. Sur ce point encore il peut exister une différence de vues au cours de la Conférence des Nations Unies, qui cherchera à se préoccuper avant tout des programmes de secours plus lointains, et de la "Rehabilitation" qui suivra les hostilités.

Nous nous efforcerons de surmonter toutes ces difficultés mais, le cas échéant, M. Monnet n'hésitera pas, s'il le faut, à faire apparaitre les divergences de vues. Il est essentiel que le Conseil qui siégera à Atlantic City ne traite pas seulement des problèmes de ravitaillement lointain, mais s'occupe du secours immédiat que les armées seules seraient incapables de fournir.

M. DIETHELM confirme, en ce qui concerne l'établissement des programmes, que l'importation de certaines matières premières nécessaires à la reprise industrielle et à la remise au travail doit avoir une priorité égale à celle des denrées alimentaires et des moyens de transport.

Le Général de GAULLE demande quelle serait la situation si l'effort de coopération internationale tenté à Atlantic City venait à échouer. Il pense que dans ce cas chaque pays pourra être amené à procéder lui-même à ses propres achats. Mais il ne s'agit là que d'un pis aller et nous devrons auparavant collaborer de notre mieux au succès de l'entreprise internationale projetée.

o
o o

Il est reconnu que nos propositions n'auront de valeur que si elles sont, dans la mesure du possible, le reflet exact de la situation française. Des liaisons doivent donc être développées avec les personnes compétentes en France et ceci malgré les risques que comporte l'établissement de ces contacts.

M. MONNET insiste sur le fait que les ressources provenant de l'étranger ne seront utilisées à leur pleine valeur que si elles sont combinées avec les ressources intérieures, et si l'administration de la distribution fonctionne dès le premier jour. Ceci nécessite un lien intime et direct entre les Commissariats intéressés et les organes de distribution qui fonctionnent à l'intérieur de la France. M. Monnet indique qu'en ce qui concerne le programme de Secours, ces liens sont dès maintenant établis.

Un de ses collaborateurs qui se trouve actuellement en France viendra à Washington apporter les dernières précisions sur la situation, et à l'inverse un des membres de la délégation de Washington partira ensuite pour la France, afin d'informer nos correspondants.

MM. DIETHELM et René Mayer estiment que ces liaisons doivent surtout avoir pour but de démontrer que les grandes lignes de notre action sont conformes à la réalité et non pas de déterminer le détail de nos plans.

Le Général de GAULLE indique qu'il pense faire donner au Général COCHET un adjoint qui serait spécialement chargé d'organiser les rapports économiques et financiers avec la France, que chaque Commissaire intéressé entretiendra par l'intermédiaire du ou des agents de liaison désignés par lui.

o
o o

Le problème de la reconstruction européenne est enfin abordé. Il est reconnu indispensable que, profitant de sa libération, l'Europe s'organise sur des bases économiques et politiques nouvelles assurant une prospérité et une sécurité plus durables. Des mesures qui permettront, le moment venu, de faire un choix parmi les solutions possibles, doivent être prévues dès maintenant dans l'ordre notamment des tarifs douaniers, du régime du contrôle du commerce extérieur, de la distribution des productions européennes, etc...

M. DIETHELM croit que pendant cette période la disette de marchandises sera telle que toutes les productions seront obligatoirement remises en route et artificiellement développées.

M. ALPHAND pense cependant que des dispositions pourraient être, dès maintenant, concertées avec certains autres pays européens pour organiser en Europe des secteurs d'échanges libres plus étendus que les territoires nationaux.

M. Jean MONNET, en ce qui le concerne, pense que l'Europe doit constituer un ensemble économique unique d'échanges libres, en tenant compte du fait que le problème allemand doit en même temps faire l'objet d'une solution particulière; car c'est ainsi seulement que la sécurité et la prospérité de la France pourront être assurées. On peut désirer une division politique de l'Allemagne, mais à une condition; c'est que chaque Etat germanique constitue un élément de l'ensemble européen, partageant les mêmes avantages que les autres éléments. Dans le cas contraire, les différentes parties de l'Allemagne divisée auront tendance à s'agglomérer de nouveau pour reconstituer un vaste Etat germanique au centre de l'Europe. Cette solution n'est possible que dans des conditions qui transforment fondamentalement l'Allemagne. A cet effet, il faut lui enlever sa grosse métallurgie et créer un pays industriel européen composé notamment de la Ruhr, de la Sarre, de la Rhénanie, du Luxembourg, et dont les productions sidérurgiques seront exploitées au profit de l'Europe entière par les nations européennes elles-mêmes.

Le Général de GAULLE craint qu'une pareille solution ait pour conséquence d'avantager l'industrie allemande en Europe et de développer la puissance germanique. Il voit difficilement, après cette guerre, les Français et les Allemands faire partie d'une même union économique. Il est partisan d'une solution qui permettrait d'agglomérer des peuples ayant des traditions communes et des économies complémentaires à l'Ouest de l'Europe. Une semblable unité économique pourrait comprendre: la France, la Belgique, le Luxembourg, la Hollande, peut-être la Rhénanie, peut-être l'Italie, l'Espagne et la Suisse. Le Général de GAULLE ne cache pas les difficultés de cette réalisation, mais il ne la croit pas impossible.
M. René MAYER partage cet avis.

M. ALPHAND estime que la création d'une union économique de cette nature aurait notamment pour conséquence d'obliger la France à procéder à des réformes profondes et salutaires de son économie.

Le Général de GAULLE ajoute que ce plan ne peut être réalisé que grâce à un accord intime avec l'U.R.S.S. Il nécessite probablement un accord avec la Grande-Bretagne et des relations amicales avec les Etats-Unis. Une pareille construction comporterait en même temps un contrôle de l'industrie d'armement allemand. Le Général de Gaulle insiste sur le fait que cette union économique ne devrait pas tendre à l'autarchie mais conclure avec les Etats-Unis, l'Empire britannique, l'U.R.S.S., l'Europe orientale etc... des accords d'échanges. Il souligne le rôle important que la France serait amenée à jouer dans l'organisation et le fonctionnement de l'Union européenne occidentale.

Il est reconnu que le Comité de la Libération doit se prononcer sur ce problème capital pour l'avenir de l'Europe et de la France. Il ne peut prendre une décision sans être mieux éclairé sur les conditions et les conséquences d'une pareille organisation économique de l'Europe. Les études nécessaires peuvent difficilement être poursuivies à Alger où on manque de documentation et notamment de statistiques. Il est entendu qu'au cours de leur voyage en Grande-Bretagne et aux Etats-Unis MM. Jean MONNET et ALPHAND organiseront l'étude technique de ces problèmes de telle sorte que le Comité de la Libération ait en sa possession des éléments d'appréciation dans un délai rapide./.

Après la guerre

Les enjeux de l'après-guerre appellent à nouveau une vision et une action d'ensemble

Ravagés par une guerre qui les a non seulement à moitié détruits mais réduits au rang de puissances mineures flanquées de deux géants, les pays d'Europe occidentale, vainqueurs et vaincus, ont pour souci prioritaire de permettre à leurs populations de survivre et de rebâtir leurs maisons et un outil de travail.

La Russie, qui a brisé net l'élan de la Wehrmacht vers l'Eurasie, étend son emprise politique sur les pays que l'Armée rouge occupe. Déjà, elle a conquis l'Europe centrale et orientale et, à partir du quadrilatère de Bohême et de son implantation en Autriche et en Allemagne de l'Est, elle ne cache pas sa volonté de poursuivre son expansion vers l'Ouest aussi loin que les circonstances le lui permettront. L'Europe, l'Autriche et l'Allemagne sont coupées en deux. C'est ainsi que, pour les habitants de la partie du continent encore préservée de l'avance soviétique, la peur de l'invasion s'ajoute au souci du quotidien.

Vaincue, l'Allemagne est divisée en quatre zones d'occupation par les Alliés. Berlin, ancienne capitale du Reich, reçoit un statut d'occupation spécial.

Face à la réalité de la misère, de la sujétion et de la menace, le secrétaire d'Etat américain, George Catlett Marshall, est rentré de la Conférence des ministres des Affaires étrangères des Puissances alliées à Moscou, en 1947, persuadé que Staline projette l'extension de la domination soviétique sur l'ensemble de l'Europe.

Déjà en mars 1947, les Etats-Unis avaient dû se substituer à la Grande-Bretagne, défaillante, dans le soutien que le Gouvernement Truman avait été amené à accorder à la Grèce et à la Turquie afin de contenir cette expansion en Europe orientale. C'était l'annonce d'une initiative de plus large portée.

Le 5 juin 1947, le général Marshall lance à l'Université de Harvard l'idée d'un plan qui, grâce à une aide financière massive des Etats-Unis, doit permettre aux pays européens d'accélérer la reconstruction économique de leur continent selon une vision d'ensemble qu'ils voudront bien se donner.

Au cœur de ce projet, l'Allemagne occupe une place stratégique qui tient non seulement à sa position géographique, mais au fait que le coke métallurgique de la Ruhr constitue un facteur clé du fonctionnement de la sidérurgie de l'ensemble des autres pays européens.

« La vérité, c'est que les besoins de l'Europe pendant les trois ou quatre prochaines années en vivres et en autres produits essentiels importés de l'étranger – notamment d'Amérique – sont tellement plus grands que sa capacité actuelle de paiement qu'elle devra recevoir une aide supplémentaire très importante ou s'exposer à une dislocation économique, sociale et politique très grave.

» Le remède consiste à briser le cercle vicieux et à restaurer la confiance des habitants de l'Europe en l'avenir économique de leur propre pays et de l'Europe tout entière.

[...]

» Il est déjà évident qu'avant même que le Gouvernement des Etats-Unis puisse poursuivre plus loin ses efforts pour remédier à la situation et aider à remettre l'Europe sur le chemin de la guérison, un accord devra être réalisé par les pays de l'Europe sur leurs besoins actuels et ce que ces pays de l'Europe feront eux-mêmes pour rendre efficaces toutes les mesures que ce gouvernement pourrait prendre. Il ne serait ni bon ni utile que ce gouvernement entreprenne d'établir de son côté un programme destiné à remettre l'économie de l'Europe sur pied. C'est là l'affaire des Européens. L'initiative, à mon avis, doit venir de l'Europe. »

« Discours du général George Catlett Marshall, secrétaire d'Etat des Etats-Unis, le 5 juin 1947, à l'Université de Harvard », in *Points de repère*, Centre de recherches européennes, Lausanne, 1973, pp. 15-16.

L'Organisation européenne de coopération économique (OECE) voit le jour le 16 avril 1948. Son siège est fixé à Paris. Paul Henri Spaak, ministre des Affaires étrangères de Belgique, est porté à la présidence de son Conseil. Un proche collaborateur de Jean Monnet, Robert Marjolin, est nommé secrétaire général.

« Jamais dans mon expérience, avant et après le Plan Marshall, je n'ai connu une équipe internationale animée d'un désir aussi intense de faire réussir une entreprise commune, dont le succès apparaissait alors comme une question de vie ou de mort pour l'Europe et pour chaque pays membre, et de faire qu'elle réussît dans des conditions telles que chacun en tirât profit également. Nous étions convaincus que les différents pays européens étaient, dans leur destin, indissolublement liés les uns aux autres. Par la suite, le mot ‹ coopération › s'est trouvé un peu dévoyé ; au temps du Plan Marshall et de l'OECE, la coopération européenne se révéla la clé du succès, grâce certainement aux circonstances, mais aussi à la qualité exceptionnelle des hommes qui se vouèrent à cette œuvre commune. »

Robert Marjolin : *Le travail d'une vie. Mémoires 1911-1986.* Préface de Raymond Barre. Robert Laffont, Paris, 1986, p. 196.

Mémorandum secret de Jean Monnet à Georges Bidault
Paris, 24 juillet 1947

Le commissaire général du plan de modernisation et d'équipement de la France attire solennellement l'attention du président du Conseil sur la portée et les enjeux découlant pour la France et pour l'Europe du Plan Marshall et sur la nécessité pour la France d'élaborer de toute urgence une politique allemande et européenne cohérente.

MEMORANDUM REMIS A MONSIEUR G. BIDAULT

PAR MONSIEUR J. MONNET

SECRET

LE 24.7.47

SUR LA QUESTION DES "CREDITS MARSHALL"

I.- La France se trouve engagée dans une politique d'accord avec l'Amérique et l'Angleterre comme conséquence de la rupture dont les Soviets ont pris l'initiative et la responsabilité lors de la Conférence de Paris.

Cette politique a et comme objet l'obtention des crédits américains nécessaires au relèvement de la France et au rétablissement de son économie sur des bases solides qui soient une garantie d'indépendance.

2.- Son succès dépend en partie de l'organisation d'une certaine coopération européenne dont la préparation technique est en cours. Cette coopération elle-même dépend du règlement du problème allemand. En effet, certaines ressources allemandes, comme le charbon de la Ruhr, sont nécessaires au relèvement immédiat de l'Europe - et le relèvement allemand lui-même est une nécessité pour une Europe prospère. Les 70 millions d'Allemands doivent, dans une Europe prospère remplir leur rôle de producteurs et de clients.

C'est seulement si un programme d'ensemble européen, comprenant un règlement allemand, est présenté au Congrès et à l'opinion publique américaine que nous aurons chance de succès.

Les Etats-Unis le comprennent si bien que déjà ils s'étaient engagés avec l'Angleterre dans la voie de régler à eux seuls les questions essentielles dont dépend la production de l'Allemagne

Mémorandum secret de Jean Monnet à Georges Bidault, Paris, 24 juillet 1947

de l'Ouest.

Il est clair qu'aucun programme européen n'aura de réalité aux yeux des Américains s'il ne comprend pas l'Allemagne - dans son entier ou réduite aux zones de l'Ouest - car les Américains sont essentiellement préoccupés de la production de ressources matérielles - et c'est, en effet là le problème immédiat. Ils savent que l'Europe a besoin des ressources matérielles de l'Allemagne - et a besoin dans un avenir prochain de l'Allemagne comme client.

3.- Il est également clair qu'aucun programme européen n'entrainera la confiance des Français s'il prévoit le développement des ressources allemandes, sans, en même temps, tenir compte des sauvegardes qui empêcheront qu'elles soient un jour, à nouveau, utilisées par les Allemands dans un but de guerre.

En effet, si l'objet immédiat de la politique qui nous engage du côté anglo-saxon est la coopération européenne et l'obtention des crédits, il faut bien voir que du fait même de la tendance"d'isolation" des Soviets, cette politique aura pour la France des prolongements ç plus long terme. Pour une période indéterminée, nous allons coopérer avec les Anglo-saxons, et cette coopération prendra nécessairement une forme politique. Dans cette association, la France aura de grandes difficultés à tenir la ligne de conduite qu'elle adopte maintenant. En effet, l'existence d'un fort parti Communiste laissera constamment ouverte la plaie que la séparation avec les Russes créée dans la conduite des Affaires Etrangères Françaises. En outre, la sensibilité politique particulière des Français, qui fait en ce moment de la France le point de synthèse des forces qui agitent le Monde, maintiendra cette question en constante discussion.

En outre, il faut boen nous rendre compte que la période des prochaines années pendant lauqelle nous aurons recours aux crédits américains sera une période particulièrement difficile. En effet, une fois la rapport européen présente et les crédits votés par le Congrès, ces derniers feront l'objet d'attributions, par pays - et par années. C'est-à-dire que la France devra très vraisemblablement chaque année négocier le montant exact de sa part ce crédits américains et discuter leurs affectations. Il suffit d'énoncer cette procédure et cette nécessité pour se rendre compte à quelles frictions renouvelées donneront lieu de semblables discussions.

4.- Pour que la politique de coopération avec les pays anglo-saxons, maintenant inévitable, soit heureuse, il faut qu'elle soit acceptée par l'immense majorité de l'opinion publique française : il faut, certes, que celle-ci en voie les avantages matériels; mais ce n'est pas suffisant. Il faut aussi qu'elle y voie la promesse de l'indépendance économique future vers laquelle la conduit le Plan de Modernisation dont la réalisation rapide est rendue possible par les crédits américains.

Mais, même ces conditions si importantes n'amèneront pas les Français à donner leur appui à cette politique si son origine était liée à un relèvement allemand qui ne règle pas en même temps ce que les Français considèrent comme essentiel pour leur sécurité et la paix de l'Europe - c'est-à-dire le statut de la Ruhr.

Sans règlement allemand et statut de la Ruhr satisfaisants, cette politique prendra aux yeux des Français l'aspect d'une "abdication" nouvelle : "Nous nous sommes inclinés en 1940 devant la force allemande - maintenant, poussés par la nécessiré, nous nous inclinons devant la force des crédits américains".

Avec un règlement allemand et un statut de la Ruhr satisfaisants, cette politique sera considérée au contraire par les Français comme une politique de relèvement, d'indépendance nationale et de sécurité européenne.

Il est inutile de développer les conséquences de cette élternative - elles apparaissent clairement et affecteront toutes les formes de la vie nationale.

5.- Or, si la France est engagée dans l'entreprise actuelle elle ne s'y trouve pas seule et son échec n'entraînerait pas de risques pour elle seule. Pour des raisons différentes, les Etats-Unis et l'Angleterre ne peuvent pas voir échouer l'entreprise. Et cette entreprise ne peut pas réussir sans la collaboration de la France.

La France doit donner cette collaboration, mais le fait que la question allemande se trouve être un élément essentiel de la solution qui sera apportée l'oblige à ne la donner que si certaines conditions sont remplies.

Or, <u>c'est maintenant</u> que la France doit définir vis-à-vis de l'Angleterre et des Etats-Unis quelle solution elle entend voir donner à la question allemande dans son ensemble, ou du moins à la question de l'A llemagne de l'Ouest.

Il est possible que les décisions ne doivent être prises qu'à la Conférence des 4 en Octobre, mais, sous peine de courir les plus grands risques d'être contraints de prendre alors une position opposée à l'Amérique et à l'Angleterre, et de mettre en danger pous nous-mêmes et pour les autres pays toute l'affaire des crédits américains, il est indispensable que la France s'assure tout de suite que les vues qui seront soutenues par les Anglais et les Américains à la Conférnece des 4 correspondent aux vues françaises. Sinon, nous pouvons nous trouver coupés de la Russie, ce qui est fait pour un temps, - en opposition avec les Etats-Unis et l'Angleterre sur le plan allemand - en ayant besoin de crédits - avec une opinion publique anxieuse - et au moment même où les circonstances économiques intérieures se seront aggravées.

Il sera trop tard pour faire changer les Américains sur leurs positions allemandes . Nous seront alors obligés malgré cela de continuer l'action entreprise pour les crédits - et les Français interpréteront cette sotuation comme une abdication - le"nouveau Munich " prendra alors tout son sens.

Pour régler cette solution au mieux de nos intérêts et de la paix de l'Europe, nous sommes au point où nous avons le maximum de force, car sans nous la "Coopération européenne" est impossible. Les Américains ne sont pas encore assez engagés pour ne pas pouvoir ajuster leur position.

Il est donc bien clair que pendant qu'il en est temps encore tous les efforts doivent être faits pour amener l'Angleterre et les Etats-Unis à accepter,-en particulier sur la Ruhr,- le règlement allemand que nous jugeons nécessaire . Tout doit être subordonné à cela . Il ne peut pas y avoir de Rapport technique européen réel, et ayant chance de succès sans un tel règlement. Le problème allemand est au coeur de la négociation avec l'Amérique sur les crédits, car c'est lui qui, pour tous les principaux intéressés, en est la difficulté majeure .

- II -

6 . - Par ailleurs, il est clair que les Etats-Unis vont chercher à s'assurer que les crédits à venir seront vraiment efficaces et relèveront l'Europe sur une base solide et qu'ils ne les consentiront que s'ils ont cette assurance . Ils savent que si les crédits déjà très importants qu'ils ont consentis dans le passé n'ont pas permis d'atteindre ce résultat, c'est, entre autre, parce que la plupart des pays emprunteurs vivent dans le désordre financier intérieur .

Il n'est pas possible, dans une économie soumise à l'inflation, d'avoir une Balance de paiement saine. Il est inévitable que les Etats-Unis en viennent à poser la question de la situation financière intérieure de certains pays européens et à poser, par conséquent, le cas de la France .

Nous devons donc sur ce point prendre l'initiative. Sinon, nos demandes manqueront d'une de ses justifications essentielles et nous ne créerons pas dans l'opinion américaine la conviction que l'aide demandée portera ses fruits .

C'est donc en ce domaine aussi que réside l'une des conditions du succès . Il faut remarquer d'ailleurs que ces crédits, rendus possibles par un effort d'assainissement financien en France, faciliteront en même temps cet effort et le rendront moins pesant . Les deux problèmes financiers intérieur et extérieur sont liés . Il nous faut donc, sans attendre , remettre debout ce programme et le proposer comme " programme type " au Comité de Coopération pour être inséré dans le rapport .

En outre, du point de vue de l'opinion française , il faut éviter que l'assainissement financier , qui nous est en tout état de cause nécessaire , n'apparaisse comme une ingérence américaine, dans nos affaires intérieures, et ne semble nous être imposé . Nous avons donc tout avantage à prendre l'initiative .

- III -

I . - Dans cette période difficile, il est indispensable de maintenir vivante aux yeux des Français l'entité française du Plan de modernisation .

Ce Plan représente un espoir . Il montre quel sera le sort des Français et la situation économique de leur pays dans le monde au terme de l'effort qu'il leur demande . Par là, il donne un sens à cet effort , - et un sens national .

Il est, en effet, la garantie de l'indépendance économique de la France . C'est, en effet, au prix des efforts et des travaux de modernisation, d'équipement qu'il prévoit que la France doit se donner en quelques années la base industrielle solide et saine dans laquelle il n'est plus aujourd'hui d'indépendance économique - et sans laquelle, en particulier, nous ne serons pas capables d'exporter assez pour nous passer en temps normal des crédits étrangers . C'est donc ce Plan - dont la réalisation, par ailleurs, est évid emment facilitée par les crédits extérieurs, mais non commandés par eux puisqu'il dépend d'abord de l'effort français - qui place les crédits proposés par le Général Marshall dans leur vraie perspective : aide provisoire qui doit nous permettre plus tard de cesser de nous endetter - aide productive qui facilitera notre effort propre de production et ne nous fera pas vivre " aux crochets " des Etats-Unis .

Mais, il faut bien voir que sans effort d'équipement et de modernisation de notre économie, les crédits américains ne peuvent pas avoir ce double caractère . Or, psychologiquement , cet effort d'équipement est aujourd'hui, pour l'opinion, concrètisé par le Plan . C'est, en définitive, la notion du Plan qu'il faut maintenir vivante pour donner à la coopération européenne et aux crédits américains une base de consentement solide dans l'opinion .

En outre, du point de vue international, il est vrai que c'est le Plan qui est notre contribution au travail de la Conférence européenne et à l'augmentation des ressources de l'Europe.

CONCLUSIONS

8 . - Par conséquent, la ligne de conduite me semble apparaître maintenant clairement :

- pousser les travaux de la Commission européenne, en se rendant compte qu'il s'agit, pour le moment surtout, de travaux statistiques qui, par eux-mêmes , n'entraîneront pas la conviction américaine ni l'appui des opinions publiques . D'ailleurs, le temps court dont on dispose interdit de faire, à ce stade , un véritable programme européen . Au mieux, ce ne peut être qu'un point de départ ;

- engager le plus tôt possible des discussions avec les Etats-Unis et l'Angleterre sur le fond du problème allemand et sur le règlement du statut de la Ruhr - avec la détermination d'arriver à un accord prochain - pour que cet accord puisse être incorporé à temps dans le programme européen et lui donne la substance et la force matérielle et psychologique sans lesquelles, pour les raisons exposées ci-dessus, ce programme ne sera qu'un objet de discorde profonde ;

- maintenir dans l'esprit public français la notion que le Gouvernement français recherche non seulement les crédits et une coopération européenne, mais, à cette occasion, poursuit un règlement du problème allemand qui assure le développement des ressources allemandes pour l'Europe toute entière et dans le cadre qui garantisse la sécurité et la paix de l'Europe. Affirmer publiquement que c'est là la tache que le Gouvernement français s'est assignée au cours des prochains mois .

- maintenir dans l'esprit public français le caractère du Plan français : " effort français " - contribution française à l'augmentation des ressources européennes - indépendance économique de la France - et montrer qie les crédits américains en facilitent la réalisation , mais ne la conditionnent pas ;

- enfin, non seulement pour permettre l'aide américaine , mais pour nous-mêmes, parce qu'une telle politique est indispensable à notre relèvement, définir un programme d'assainissement et de stabilisation intérieure auquel d'ailleurs devront contribuer, pour une part, les crédits américains .

9 . - En résumé, deux conditions essentielles de la réussite des propositions Marshall dépendent d'abord d'initiatives que nous avons à prendre .

La première est de faire accepter un règlement du problème allemand qui soit satisfaisant pour la France ; la seconde est la définitition d'un programme d'assainissement financier ~~intense~~ [illegible], sans lequel les crédits américains ont de grandes chances de ne pas être obtenus et sans leque, en tout état de cause, ils resteraient illusoires .

Lettre de Jean Monnet à Georges Bidault, ministre des Affaires étrangères
Lettre de Jean Monnet à Robert Schuman, président du Conseil
Washington, 18 avril 1948

A cette époque, Jean Monnet se trouve aux Etats-Unis, d'où il écrit le 18 avril à Georges Bidault et à Robert Schuman, pour les informer de l'état de la négociation conduite sur l'approvisionnement de la France en blé et en denrées alimentaires, sur l'état d'esprit des Américains et de leurs autorités à propos des objectifs du Plan Marshall et sur la nécessité pour les Européens de porter leur propre effort au niveau de la menace soviétique et de l'aide américaine.

31-4

18 avril 1948.

Mon cher ami

J'ai attendu pour vous écrire de voir un peu clair. Cela ne veut pas dire que je vois juste - mais en tout cas j'ai maintenant certaines "impressions" assez fortes. Je vous les envoie sous une forme un peu simple et grossière. Je vous les completerai et préciserai à Paris où je compte être vers la fin de la semaine.

1)- Mon impression la plus forte provient du "dynamisme" de ce pays. C'est une question humaine fondamentale - et à mon avis la principale. C'est la cause - dynamisme individuel - immenses ressources. La conséquence est l'expression que prend ce dynamisme - qui est actuellement ce que vous savez, mais aussi bien autre chose. La politique américaine n'est pas "pensée" - ce que fut le cas de la politique anglaise si longtemps. Elle est causée par un besoin dynamique d'action - action il y aura sans aucun doute. Laquelle? Cela dépend en grande partie de nous même, car la ligne politique américaine dépendra des réactions populaires qui seront nécessairement influencées par notre propre action.

2)- Au cours des trois dernières semaines j'ai assisté à ce que je crois être une transformation importante du point de vue américain sur la question des relations avec la Russie et de la guerre. On est parti de l'idée de préparer la guerre - L'occupation de l'Europe par la Russie en était la conséquence inévitable immédiate - La destruction de la Russie par une action à plus longue échéance en était l'objectif. On en est à préparer les moyens pour empêcher la guerre - Ce qui implique que l'on commence à envisager les moyens de rendre possible la sécurité de l'Europe. Il se dessine maintenant l'idée qu'une détente sera peut être possible - Cette détente dans l'esprit de certains est nécessaire à la reconstruction de l'Europe et de la préparation de sa sécurité - L'élection d'un nouveau Président peut être une chose essentielle à ce point de vue.

En tout cas l'esprit des dirigeants est ici très ferme mais prudent.

3)- La résolution ici de contribuer au relèvement de l'Europe par les crédits et à la sécurité par un programme d'armement est réelle. Toutefois on comprend également que cet effort ne peut pas être indéfini sans que la vie économique de ce pays et sa structure même soient obligées à de grandes transformations. Il est donc essentiel que l'effort actuel aboutisse dans un temps limité. Relèvement de l'Europe - sécurité - paix doivent être assurés d'ici quelques années - sinon d'autres solutions interviendront - guerre ou retrait?

4)- L'effort financier américain qui vont entraîner le programme d'aide à l'Europe

...

Lettre de Jean Monnet à Georges Bidault, ministre des Affaires étrangères, Washington, 18 avril 1948

l'Europe - le programme d'armement et probablement un nouveau Prêt Bail d'armement pour l'Europe va être considérable - Inflation des prix - hausse des impôts. Certains contrôles intérieurs en seront les conséquences prochaines inévitables. Comme je vous le dis plus haut, il faudra assez vite que l'opinion publique aperçoive l'aboutissement de cet effort. L'opinion publique regardera naturellement vers l'Europe pour y rechercher impatiemment les signes de progrès. Elle attendra beaucoup de nous - trop peut être. En tout cas il faut nous persuader que la situation que nous allons connaître est passagère. Cette situation est caracterisée par le fait que nous allons dans une grande mesure dépendre de ce pays, tant pour le maintien de notre vie économique que pour notre sécurité nationale. Ce n'est pas une situation qui puisse se continuer sans grand danger. Nous sommes aujourd'hui "l'enjeu". Il nous faut rapidement transformer cette situation en position d'indépendance et de collaboration. C'est d'ailleurs seulement si cette perspective apparaît réelle ici aux Américains que nous pourrons espérer voir se continuer la contribution américaine - car une chose est certaine - l'Amérique n'est ni réactionnaire, ni impérialiste. Sa contribution ne nous est pas donné pour nous contrôler. Elle s'arrêtera si notre effort ne se manifeste pas. Nous irions à de cruelles déceptions si nous envisagions que les crédits Marshall se continueront d'eux mêmes. Leur continuité dépend essentiellement de l'effort que nous ferons pour assurer notre indépendance.

5)- Dans l'effort qui est attendu de nous Français au point de vue économique certaines choses comptent essentiellement - stabilité de la monnaie - augmentation de la production par l'application du Plan de Modernisation; à nous européens, coopération économique européenne. L'effort national des differents pays sur leurs bases actuelles ne sera pas à mon avis suffisant. Je vous en parlerai plus longuement à Paris. En outre l'idée que 16 pays souverains coopereront effectivement est une illusion. Je crois que seule la création d'une <u>Fédération</u> de l'ouest comprenant l'Angleterre nous permettra en temps voulu de regler nos problèmes et finalement d'empecher la guerre. J'en sais toutes les difficultés - peut être l'impossibilité, mais je ne vois pas d'autre solution, si le temps de répit nous est accordé, ce qui semble se dessiner en outre si nous voulons aboutir à créer pour nous mêmes une base économique durable et assurer notre sécurité avant que l'effort américain ne s'arrête ou ne se transforme en une action autre que celle de Reconstruction et de Paix est son objectif principal actuel.

6)- Les questions matérielles pour lesquelles je suis venu se sont bien passées. La soudure du Blé est acquise. J'espère avant de partir avoir un supplément substantiel.

7)- J'ai naturellement eu avec Henri Bonnet la collaboration ~~intense~~ intime que vous savez - non seulement dans mon travail - mais dans mes pensées.

votre bien amicalement

Jn.

G. Bidault
Paris

18 avril 1948.

Mon cher Président,

I - Je m'apprêtais à partir aujourd'hui pour être avec vous lundi en réponse à votre télégramme. Hier Hoffman m'a demandé d'avoir avec lui et ses collaborateurs personnels un échange de vues vers le milieu de la semaine car il a dû s'absenter pour quelques jours en Californie. Je connais Hoffman depuis longtemps; ses collaborateurs sont pour moi pour la plupart des amis de très longue date. Il a exprimé le désir d'examiner avec moi le programme qu'il se propose de suivre. Après m'en être entretenu avec Bonnet, nous n'avons pas douté que vous penseriez que je ne pouvais pas manquer cette occasion de discuter son programme avec Hoffman au moment même où ce dernier forme son opinion.

Bonnet vous télégraphie les grandes lignes de la conversation que nous avons eu avec lui hier. Nous avons affaires à un homme aux idées larges - réalistes - et avec lequel je n'ai pas de doute que notre collaboration sera aussi facile que le permettront les difficultés auxquelles lui même a à faire face. Je vous tiendrai au courant par télégramme, ou par mon collaborateur Hirsch, que je vous serai reconnaissant de recevoir. Aussitôt je partirai pour Paris et serai avec vous certainement à la fin de la semaine.

II - Nos affaires pour le Blé ont bien marché. Nous avons reçu pour mai une allocation supérieure à nos besoins - 126.000 tonnes de blé et 60.000 tonnes de farine. Depuis nous avons à nouveau, ainsi que vous en avez été informé, reçu une allocation supplémentaire de 45.000 tonnes de blé et 12.000 tonnes de farine, soit un total pour mai de 171.000 tonnes de blé et 72.000 tonnes de farine.

J'espère que la décision pour nos allocations de juin sera prise dans les prochains jours. J'ai vivement prié nos amis de prendre cette décision sans attendre que les allocations générales pour les autres pays soient arrêtées. Je pense en effet que si vous pouviez rapidement annoncer vous même publiquement que la soudure est définitivement assurée l'effet en serait grand, tant sur l'esprit public, qu'en ce qui concerne la collecte en France au cours des derniers mois.

J'ai poursuivi mon travail ici, ainsi que nous en avions conven - sans qu'à aucun moment il y ait une négociation qui puisse donner lieu à

.../

 Lettre de Jean Monnet à Robert Schuman, président du Conseil, Washington, 18 avril 1948

publicités et par conséquent à inquiétudes en France. Quand tout sera terminé alors vous pourrez parler publiquement. La lenteur de ces arrangements tient à ce que les allocations de céréales se font à dates fixés, à tous les pays ensemble. Il a fallu faire exception pour nous et le faire sans attirer l'attention. L'administration américaine s'y est prêté, mais cela après du temps.

J'ai reçu une lettre de Jouhaux me demandant s'il était possible d'obtenir une allocation de blé plus grande que les quantités que nous avons demandé afin de pouvoir porter la ration de 200 grs à 250 grs à partir de mai ou juin. Il me dit être d'accord avec vous sur le fait que cette mesure aiderait au règlement de la question des salaires.

Je ne pense pas qu'il nous soit possible d'obtenir ces quantités supplémentaires. Toutefois je m'emploie à faire augmenter l'allocation juin. Si je réussis, nous pourrons peut être augmenter la ration à 250 grs à partir du ler juillet mais je ne veux rien vous promettre car nous avons déjà obtenu plus que le maximum.

III - Au cours de mon séjour ici j'ai ~~reu~~ vu en ami les nombreuses personnes que je connais depuis longtemps. Je vous en donnerai le détail à Paris. J'ai naturellement été en rapport journalier avec Bonnet que j'ai tenu au courant de toutes les conversations que j'ai eues. Vous connaissez assez l'Amérique pour savoir que ces conversations ont été des conversations amicales, officieuses et découlant tout naturellement des rapports personnels amicaux et souvent intimes que j'ai ici depuis longtemps.

Je suis heureux de mon voyage. Après deux années d'absence, mes impressions sont plus vives que si je m'étais tenu en rapport constant avec ici. Les changements me sont apparus plus nettement mais aussi ma conviction sur ce qui est l'essentiel de la vie américaine a été renforcée. Ce pays est toujours animé par une force dynamique qui vient de la nature même de chaque individu. L'Amérique est en marche, mais elle n'est ni réactionnaire ni impérialiste. Elle ne veut pas la guerre, mais elle la fera si c'est nécessaire. Sa résolution sur ce point est très ferme. Mais pas une résolution aveugle. Je vous expliquerai la transformation qui s'est produite ici au cours des dernières semaines: on est parti de la préparation pour la guerre - on en est à la préparation pour empêcher la guerre - et maintenant se dessine l'idée d'une possibilité de détente. En tout cas l'état actuel des esprits responsables est: résolution ferme mais prudence.

Je préfère vous rapporter verbalement mes observations et mon opinion sur cet aspect de l'attitude américaine et ce que nous en pouvons attendre.

Mais il faut nous rendre compte, ainsi que je vous le disais plus haut, que l'Amérique est animée essentiellement d'une volonté d'action - action chez elle - et aussi chez les autres - action pour elle veut dire à

.../

l'heure actuelle empêcher la guerre, aider l'Europe de l'ouest à se reconstruire et préparer les voies, à l'arrêt de l'expansion russe. Pour cela ils vont faire un effort considérable. Ils se rendent parfaitement compte que l'aspect financier en est redoutable pour eux: le Plan Marshall et les crédits militaires qui ne font que débuter vont représenter une charge énorme - l'inflation des prix est certaine ainsi d'ailleurs que l'augmentation des impôts. Tout en ayant la volonté de faire l'effort, le Congrès ne votera les crédits qu'après des débats difficiles. Hoffman aura une tâche ardue lorsqu'il viendra devant le Congrès, en février prochain, demander le vote des crédits de la deuxième année du Plan Marshall. Il y pense déjà et déjà s'y prépare.

Dans l'esprit de tous ici l'effort européen doit correspondre à l'effort de ce pays - effort de production d'abord - effort aussi d'une autre nature. Ils aideront ces efforts de toutes sortes de manières et avec détermination. Mais il faut bien nous rendre compte que, tant les dirigeants ici, que l'opinion publique, attendent beaucoup de nous. Nous nous exposerions à de cruelles déceptions en pensant que les crédits Marshall continueront longtemps si l'Europe ne peut pas montrer rapidement une production accrue et modernisée.

Je ne peux pas m'empêcher d'être frappé de la nature des relations qui risquent de s'établir entre ce grand pays dynamique et les pays d'Europe s'ils demeurent dans leur forme et leur mentalité actuelles: il n'est pas possible, à mon avis, que l'Europe demeure "dépendante" très longtemps et presqu'exclusivement pour sa production, des crédits américains, et pour sa sécurité, de la force américaine, sans que des conséquences mauvaises se développent ici et en Europe.

Toutes mes reflexions et mes observations m'amenent à une conclusion qui est maintenant pour moi une conviction profonde: l'effort des pays de l'Europe de l'ouest pour être à la mesure des circonstances, du danger qui nous menace et de l'effort américain a besoin de devenir un effort européen véritable que seule l'existence d'une <u>fédération</u> de l'ouest rendra possible. Je sais tout ce qu'une telle perspective représente de difficultés mais je crois que seul un effort dans ce sens nous permettra de nous sauver, de demeurer nous mêmes et de contribuer essentiellement à éviter la guerre.

A ce propos Spaak, quand il était à Washington, m'a dit qu'il m'avait proposé comme président du comité exécutif des Seize. Je lui ai dit que je ne le désirais pas - D'abord parce que la réalisation du Plan en France est devenue maintenant possible du fait des crédits Marshall, et que la réalisation rapide est encore plus urgente pour les raisons que je vous explique ci-dessus. En outre je crois que les membres du comité exécutif des Seize devraient être Cripps, Mayer et leurs collègues. J'ai ajouté que la seule tâche à laquelle, en dehors du Plan, je serais prêt à me consacrer serait de contribuer à l'élaboration d'une véritable Fédération de l'ouest.

votre amicalement

Jean

M. Robert Schuman

Paris.

 Lettre de Jean Monnet à Robert Schuman, président du Conseil, Washington, 18 avril 1948

Le moment est venu de regarder la réalité en face, d'anticiper les conséquences et d'agir

Dans les années 1948 et 1949, les problèmes évoqués précédemment ne cessent de s'aggraver.

L'Europe divisée est devenue un enjeu entre les Grands. La tension qui en résulte dégénère en guerre froide. Le Blocus de Berlin que les Russes déclenchent en juin 1948 et la riposte américaine montrent qu'elle peut dégénérer à son tour en un nouveau conflit. L'Europe se doit de prendre elle-même en main son propre destin afin d'en prévenir l'éclatement et d'en supprimer la cause.

Jusqu'alors, l'Allemagne a constitué un espace divisé par les Alliés en zones d'occupation, désormais coupé par la ligne de séparation que trace l'antagonisme grandissant entre l'Est et l'Ouest. Cet espace, privé d'Etat, est gouverné par les puissances militaires victorieuses. L'Allemagne est sur le point de renaître de sa défaite, de ses ruines et de ses cendres. Avec l'instauration, le 24 mai 1949, de la République fédérale d'Allemagne, elle retrouve un Etat, doté d'une constitution. Mais elle reste soumise pour l'essentiel au contrôle d'une Haute-Commission alliée. Son industrie lourde et son bassin principal, la Ruhr, le sont à des lois d'occupation qui ont déconcentré la première et établi un contrôle des ressources de la seconde.

Les relations franco-allemandes subissent le contrecoup de cette évolution. Les séquelles du passé expliquent le besoin de sécurité qu'éprouvent les Français après trois guerres consécutives avec leur voisin. A cela s'ajoute le fait que le coke métallurgique de la Ruhr est nécessaire au développement de l'ensemble des sidérurgies du continent, notamment à celui de la française, tellement importante pour la réalisation des objectifs du plan de modernisation et d'équipement. L'Autorité internationale de la Ruhr garantit l'accès aux ressources de ce bassin.

Avec le Plan Marshall, la volonté des Américains et des Anglais de libérer l'Allemagne et son économie des tutelles de l'Occupation et de les associer au redressement et à l'expansion de l'Europe et d'elle-même est manifeste. La France est dès lors appelée à concilier les impératifs de sa sécurité et ceux de l'approvisionnement nécessaire à son propre développement.

C'est dans ces conditions qu'éclate la nouvelle de l'imminence d'une crise très grave de la sidérurgie européenne. A la fin de 1949, un rapport de la Division de l'acier de la Commission économique pour l'Europe des Nations Unies, à Genève, constate que la reconstruction des industries nationales, contrairement à la philosophie du Plan Marshall, s'est développée sans coordination sur le plan européen et qu'il en résulte la création d'un énorme potentiel de gaspillage de ressources et de crise économique, sociale et politique en Europe. Le péril est imminent. Les industriels se préparent à y répondre eux-mêmes par la constitution de cartels, nationaux et internationaux.

Le 24 février 1950, Jean Monnet participe à Paris, avec ses principaux collaborateurs, à un exposé qu'André Philip, associé aux travaux de Genève, présente sur ce sujet. Jean Monnet lui écrit le 27 février: «Je suis entièrement d'accord avec vous sur l'objet essentiel: faire l'Europe, ce qui n'est possible que si les différents pays acceptent de réduire leur souveraineté nationale et de créer une autorité internationale pouvant prendre les décisions que les pays devront exécuter.

» C'est évidemment là une tâche excessivement difficile. Comment y arriver? J'avoue que je suis très perplexe. En tout cas, j'aimerais pouvoir vous en parler.

»[...] J'aimerais également vous parler d'autres aspects de votre conférence sur lesquels mes vues diffèrent: en particulier, sur ces coordinations industrielles européennes qui, je le crains, n'aboutiront qu'à créer des cartels; hélas nous savons par expérience que dans une économie semi-libre les groupements d'intérêts sont, sinon plus forts, du moins plus permanents que les gouvernements.»

Fondation Jean Monnet pour l'Europe, Archives Jean Monnet, AMF 23/4/54.

En fait, Jean Monnet sent venir la guerre et il sait d'expérience ce que signifie la fatalité qui se dresse devant l'action des hommes à partir du moment où, faute d'intervention appropriée, le nœud de la tragédie s'est noué. Tout ce qu'il vit et ce qu'il voit l'amène à penser que ce moment est proche. La menace de guerre entre les Grands à propos de l'enjeu que constitue pour eux l'Europe divisée, les incertitudes qui pèsent sur les relations franco-allemandes et sur le destin de l'Allemagne partagée entre l'Est et l'Ouest et l'imminence d'une grave crise du marché de l'acier à l'Ouest, commandent qu'une initiative de grande envergure qui réponde à tous ces problèmes à la fois soit prise dans les délais les plus brefs.

Il est manifeste pour Jean Monnet que les institutions européennes existantes qui sont gouvernées par le principe de la coopération entre Etats disposant chacun du droit de veto (OECE et Conseil de l'Europe) ne sont pas en mesure d'entreprendre une telle action. La même observation s'applique aux cartels de producteurs.

L'entreprise doit en effet se situer au plus haut niveau de la responsabilité publique des nations concernées. Il apparaît, comme la Note de réflexion d'Alger du 5 août 1943 l'observe déjà, que les deux premiers pays en cause sont la France et l'Allemagne. Or il se trouve que Robert Schuman, ministre français des Affaires étrangères, a reçu de ses collègues américain, Dean Acheson, et britannique, Ernest Bevin, représentants des Puissances alliées assumant une responsabilité de contrôle en Allemagne, lors de leur réunion du 15 septembre 1949 à Washington, le mandat de réfléchir particulièrement au destin de ce pays. Il lui appartient dès lors de leur présenter sa vision et éventuellement une proposition sur ce sujet à leur prochaine réunion agendée pour le 10 mai 1950, à Londres. Il se trouve de surcroît que le nouveau chancelier fédéral d'Allemagne, Konrad Adenauer, ancien bourgmestre de Cologne, est bien déterminé à donner un avenir à son pays qui lui apporte, avec la paix, la démocratie et le progrès économique et social, l'occasion de participer à la réconciliation des Allemands et des Français et à la construction d'une Europe Unie, partenaire des Etats-Unis, condition d'un développement pacifique entre l'Est et l'Ouest.

Sans mandat de quiconque, animé par la conviction qu'il lui appartient de concevoir une idée qui corresponde à la nécessité affrontée et de se saisir des circonstances pour aider les hommes qui détiennent le pouvoir à la transformer en une réalité vivante, Jean Monnet prend l'affaire en main. Il l'empoigne avec la hauteur de vision et la capacité d'action auxquelles l'expérience accumulée pendant deux guerres mondiales et à la Société des Nations lui a appris à se porter.

La Déclaration du 9 mai

La naissance du projet

Au cœur de la Seconde Guerre mondiale, en août 1943, l'idée de réconcilier et d'unir les Européens a cheminé et mûri dans l'esprit de Jean Monnet. Le premier champ d'application et la méthode n'ont pas changé; c'est à partir du noyau constitué par la France et l'Allemagne et par leurs ressources complémentaires de charbon et d'acier qu'il s'agit de construire les fondements d'une fédération européenne plus large et plus profonde. Les défis se sont amplifiés. L'Europe divisée est devenue un enjeu entre les Grands. Au printemps 1950, il s'agit de prévenir l'éclatement d'une troisième guerre mondiale. L'Europe et le monde ont dès lors besoin d'un projet concret qui débouche sur une action immédiate capable de prévenir la tragédie. Tel est le sens de la réflexion et des efforts conjoints de Jean Monnet et de Robert Schuman pour répondre à cette nécessité.

C'est ainsi que la Déclaration du 9 mai 1950 sera le fruit d'une création fulgurante couvrant ses trois phases consécutives, la naissance du projet, sa transformation en un acte politique et sa proclamation publique.

Ainsi s'explique que les deux premières phases se soient déroulées dans le plus grand secret. Celui-ci était la condition sine qua non d'une rapidité de conception et d'exécution que des conciliabules et des marchandages préalables dans un domaine embrassant de si vastes intérêts auraient rendue impossible.

«Le lundi 8 au soir, tous les papiers préparatoires furent brûlés», note le professeur Pierre Gerbet dans *La Genèse du Plan Schuman* (Centre de recherches européennes, Lausanne, 1962, p. 33).

Moins d'un mois sépare les dates du 12 avril et du 9 mai 1950. Quatre personnes vont apporter leur concours à Jean Monnet. Le neuvième projet, achevé à 15 heures, l'après-midi du samedi 6 mai 1950, portera le mot «définitif».

Seuls quelques proches sont alors dans la confidence.

Notes de Jean Monnet à Robert Schuman
Paris, 1er et 3 mai 1950

Les deux notes de Jean Monnet des 1er et 3 mai 1950, dont un projet manuscrit du 30 avril est conservé, participent d'un double mouvement. Dans l'esprit des communications précédentes à Georges Bidault et à Robert Schuman, elles veulent attirer l'attention du ministre des Affaires étrangères sur la gravité de la situation internationale et sur la rapidité avec laquelle la guerre froide est en train de dégénérer en conflit ouvert. Ces notes deviennent un appel à la nécessité et à l'urgence d'agir. En même temps, elles servent à transmettre et à présenter deux projets de réponse à cette situation, les septième et huitième projets de la Déclaration du 9 mai, alors en cours d'élaboration.

A

Guerre froide

Houjarray 30 Avril 50

I Les esprits se cristallisent sur un objectif simple et dangereux — la guerre froide —

Toutes les propositions — toutes les actions sont interprétées par l'opinion publique comme une contribution à la guerre froide —

La guerre froide — c'est la première phase de la préparation de la guerre —

objectif essentiel est de faire céder l'adversaire — rapidité des guerres — et guerre inévitable —

— Nous sommes en guerre — ([illegible])

— Il faut ~~changer~~ le cours des événements —

— pour cela il faut changer l'esprit des hommes —

Il faut une action profonde — réelle — immédiate et dramatique qui change les choses et fasse entrer dans ~~les réalités~~ la réalité les ~~paroles~~ espoirs ~~desquelles~~ auxquelles les peuples ~~ne croient plus~~ sont sur le point de ne plus croire —

Il faut du changement — de la réalité immédiate — ~~de l'espoir et partant de~~ chaque ~~[illegible]~~ donner aux peuples des pays « libres » de l'espoir dans les objectifs plus lointains qui leur seront assignés et en conséquence créera la détermination active de les poursuivre —

[margin: Les mesures limitées [illegible] incertaines jusqu'ici ne sont plus suffisantes — Il faut une action immédiate qui change profondément et réalise d'un coup [illegible] d'être [illegible] Allemagne]

2 La ~~problème~~ situation allemande devient rapidement un cancer ~~dangereux~~ pour la paix ~~[illegible]~~ dans un avenir prochain et pour la France immédiatement si son développement [illegible]

~~Il~~ Cette situation ne peut être réglée par l'unification car il faudrait un accord USA — Russie — impossible à concevoir pour le moment.

Il ne peut pas être réglé par l'intégration de l'Ouest allemand avec l'Occident —

[margin: n'est pas [illegible] pour les allemands [illegible] et la collaboration avec les peuples libres]

 Projet de note de Jean Monnet à Robert Schuman, Houjarray, 30 avril 1950

N°1

Secret M. Schuman

1er Mai 1950

I

Les esprits se cristallisent sur un objectif simple et dangereux : la guerre froide.

Toutes les propositions, toutes les actions sont interprétées par l'opinion publique comme une contribution à la guerre froide.

La guerre froide, dont l'objectif essentiel est de faire céder l'adversaire, est la première phase de la préparation de la guerre.

Cette perspective crée chez les dirigeants une rigidité de pensée caractéristique de la poursuite d'un objectif unique. La recherche des solutions des problèmes disparaît . Cette rigidité de pensée, d'objectif de part et d'autre amène inévitablement un choc qui est dans la logique inéluctable de cette perspective. De ce choc naîtra la guerre.

En fait déjà nous sommes en guerre.

Il faut changer le cours des événements; pour cela il faut changer l'esprit des hommes. Les déclarations, si essentielles soient elles, ne sont pas suffisantes. Il faut une action immédiate qui change quelque chose d'essentiel dans l'état statique actuel.
Il faut une action profonde, réelle, immédiate et drammatique qui change les choses et fasse entrer dans la réalité les espoirs auxquels les peuples sont sur le point de ne plus croire. Et ainsi donner aux peuples des pays "libres" de l'espoir dans les objectifs plus lointains qui leur seront assignés, et créera chez eux la détermination active de les poursuivre.

Note de Jean Monnet à Robert Schuman, Paris, 1er mai 1950

II

La situation allemande devient rapidement un cancer dangereux pour la paix, dans un avenir prochain,et pour la France immédiatement, si son développement n'est pas dirigé pour les Allemands vers l'espoir et la collaboration avec les peuples libres.

Cette situation ne peut pas être réglée par l'unification de l'Allemagne, car il faudrait un accord USA-URSS, impossible à concevoir pour le moment.

Elle ne peut pas être réglée par l'intégration de l'Ouest allemand avec l'Occident,
- car les allemands de l'ouest se mettraient de ce fait, vis à vis de l'Est, en situation d'avoir accepté la séparation, tandis que l'Unité doit nécessairement être leur objectif constant.
- car l'intégration pose la question de l'armement de l'Allemagne et entraînera la guerre, provocation vis à vis des Russes.
- pour des questions politiques insolubles.

Et cependant les Américains vont insister pour que l'intégration de l'Ouest se fasse.
- parce qu'ils veulent que quelque chose se fasse et qu'ils n'ont pas d'autre idée prochaine;
- parce qu'ils doutent de la solidité et du dynamisme français. Certains pensent qu'il faut commencer l'établissement d'un remplaçant pour la France.

Il ne faut pas chercher à régler le problème allemand qui ne peut être réglé avec les données actuelles. Il faut en changer les données en les transformant.

Il faut entreprendre une action dynamique qui transforme la situation allemande et l'esprit des allemands, et non pas rechercher un réglement statique sur les données actuelles.

III

La continuation du relèvement de la France sera arrêtée si la question de la production industrielle allemande et de sa capacité de concurrence n'est pas réglée rapidement.

La base de la supériorité que les industriels français reconnaissent traditionnellement à l'Allemagne est sa production d'acier à un prix que ne peut concurrencer la France. D'où ils concluent que toute la production française en est handicapée.

Déjà l'Allemagne demande d'augmenter sa production de 10 à 14 millions de tonnes. Nous refuserons , mais les américains insisteront. Finalement nous ferons des réserves, mais nous céderons. En même temps la production française plafonne ou même baisse.

Il suffit d'énoncer ces faits pour n'avoir pas besoin d'en décrire en grands détails les conséquences : dumping allemand à l'exportation - demande de protection pour les industries françaises - arrêt ou camouflage de la libération des échanges - recréation des cartels d'avant-guerre - Allemagne forcément en expansion si nécessaire vers l'Est, prélude des accords politiques - France retombée dans l'ornière d'une production limitée protégée.

Les décisions qui vont amener cette situation vont être amorcées sinon prises à la conférence de Londres sous pression américaine.

Or les U.S.A. ne souhaitent pas que les choses se développent ainsi. Ils accepteront une autre solution si elle est dynamique et constructive, surtout si elle est proposée par la France.

La solution proposée élimine en fait la suprématie de l'industrie allemande, dont l'existence créerait en Europe une crainte, cause de troubles constants, et finalement empêcherait l'Union de l'Europe et causerait ~~des~~ sa perte~~s~~. Elle crée au contraire pour elle ainsi que pour l'industrie française et les autres industries européennes des conditions d'expansion commune dans la concurrence, mais sans domination, dans l'Union Européenne et la paix.

Au point de vue français, une telle solution met l'industrie française sur la même base de départ que l'industrie allemande, élimine le dumping à l'exportation qu'autrement poursuivrait l'industrie allemande de l'acier.

Fait participer l'industrie d'acier française à l'expansion européenne, sans crainte de dumping, sans la tentation du cartel. Les prix de l'acier baisseront en France. La crainte ches les industriels , qui entraînerait le malthusianisme~~,~~ l'arrêt des "libéralisations"- et finalement le retour aux ornières malthusiennes et protégées du passé sera éliminé. Le plus grand obstacle à la continuation du progrès industriel français ~~sera~~ aura été éliminé.

IV

Nous avons été jusqu'à ce jour engagés dans un effort de l'organisation de l'Ouest économique et militaire : O.E.E.C., Pacte de Bruxelles, Strasbourg.

L'expérience de deux années, les discussions de l'O.E.E.C. sur les accords de paiement, la libération des échanges, etc.. le programme d'armement soumis à la dernière réunion de Bruxelles, les discussions de Strasbourg, les efforts, qui restent sans résultats concrets, pour aboutir à une union douanière franco-italienne, montrent que nous ne faisons aucun progrès réel vers le but que nous nous sommes assigné et qui est l'organisation de l'Europe, son développement économique, et sa sécurité collective.

L'Angleterre, toute désireuse qu'elle soit de collaborer avec l'Europe ne ~~voudra~~ consentira rien qui ~~changera quoi que ce soit qui~~ puisse changer son statut et qui pourrait avoir comme conséquence de délier ses liens avec les Dominions , ou de l'engager avec l'Europe au delà des engagements pris par l'Amérique elle-même.

L'Allemagne, élément essentiel de l'Europe, ne peut être engagée dans l'organisation européenne dans l'état actuel des choses, pour les raisons exposées ci-dessus.

Il est certain que la continuation de l'action entreprise dans les voies dans lesquelles nous nous sommes engagés conduit à une impasse, et en ~~t~~outre, risque de laisser passer le temps pendant lequel cette organisation de l'Europe aurait été possible.

En effet, les peuples d'Europe n'entendent que des paroles. Ils ne ~~croient pas~~ croiront bientôt plus à l'idéal que les Gouvernements ~~in~~persistent à leur offrir, mais qui ne restent que ~~en~~ paroles vaines et ~~en~~ réunions futiles.

L'opinion publique américaine ne soutiendra pas l'action commune et la participation américaine si l'Europe ne se montre pas dynamique.

Pour la paix future le rétablissement d'une Europe ~~vitale~~ est indispensable. Une association des peuples "libres" à laquelle participera l'U.S.A. n'exclue pas la création d'une Europe; au contraire, parce que cette association est basée sur la liberté, donc la diversité, l'Europe , si elle est adaptée aux nouvelles conditions du monde, développera ses facultés créatrices, et graduellement se développera une force d'équilibre.

a) Il faut abandonner les formes passées et entrer dans une voie nouvelle de transformation dynamique .

-Conditions économiques de base communes.

- Autorités nouvelles acceptées par les souverainetés nationales.

b) Au moment où va être fait un effort pour créer la"communauté universelle des peuples libres" il est indispensable que l'Europe apporte une contribution dynamique, qu'elle se montre à elle-même et à l'opinion américaine, qu'elle croie en son propre avenir, qu'elle crée une Europe, qu'elle la crèe , car elle n'a jamais existé et que ce n'est pas l'addition des souverainetés existantes réunies dans des conseils qui crèera une entité qui n'a jamais existé.

Cette action, au moment où l'Europe faible va rentrer dans une association avec une Amérique si forte, est indispensable pour marquer que nous ne nous abandonnons pas à la facilité, que nous ne cédons pas à la crainte, que nous croyons en nous-mêmes, que nous créons de suite le commencement vital de l'instrument de notre Europe, partie de la communauté nouvelle des peuples libres et pacifiques à laquelle elle apportera l'équilibre et la continuation de sa pensée créatrice.

V

Dans le moment présent, la France ~~et~~ est l'Europe.

Seulement ~~si~~ elle peut ~~mener~~ la parole et l'action :

- Situation U K
- Situation Allemagne
- Benelux, etc...
- Italie,

Mais si la France ne parle pas et n'agit pas maintenant, que se passerait-il ?

L'Union des Peuples Libres et Pacifiques (U.P.L.P.) se fera, mais prendra la forme d'un rassemblement autour des Etats Unis pour mener avec plus de force la guerre froide. Les raisons évidentes en ~~seront~~ apparaîtront et que l'Europe cherchera de l'aide. L'Angleterre se rapprochera de plus en plus des E.U. en vue d'une crise éventuelle. L'Allemagne et le U.K. apparaîtront très vite comme les éléments vitaux, les autres les satellites.

L'Allemagne se développera rapidement. Nous ne pourrons pas éviter son armement. La France sera reprise par son malthusianisme d'antan; et ses conceptions aboutiront inévitablement à son éffacement.

VI

L'esprit des Français

C'est ce qui est le plus précieux. Depuis la guerre ils ont montré qu'ils n'étaient pas défaits: la production, la modernisation, transformation, agriculture, union française etc....

Or au cours de ces années, les français ont oublié l'Allemagne et sa concurrence. Ils croyaient à la Paix. Ils retrouvent soudain l'Allemagne et la guerre.

L'augmentation de la production de l'Allemagne, l'organisation de la guerre froide, seront pour eux des signes qui rétabliront chez eux les sentiments de crainte du passé, recrèeront les réflexes malthusiens, Nous retomberons dans notre psychologie craintive du passé, au moment même où l'audace nous permettrait déliminer ces deux dangers et ferait faire à l'esprit français les progrès pour lesquels il est prêt.

Eliminer la crainte, espoir dans l'avenir, alors le destin se déroulera. Les Français auront fait l'Europe. Ils auront rendu possible la création d'une force de Paix. S'ils en ont conscience, alors aura été franchi le relai auquel nous sommes arrivés et duquel ou nous reculerons, ce qui entraînera notre servitude, - ou nous avancerons, dans une Europe que nous aurons faite dans une Communauté Universelle et vers la paix.

Dans cette conjoncture, la destinée met le doigt sur la France, et dans l'avenir la France aura libéré l'Europe, et dans une Europe libérée, l'esprit des hommes nés sur le sol de France, vivant dans la liberté, dans des conditions matérielles et sociales constamment en progrès, continuera à apporter sa contribution essentielle.

le 3 Mai 1950

Confidentiel —
Jean Monnet

De quelque côté qu'on se tourne, dans la situation du monde actuel, on ne rencontre que des impasses, qu'il s'agisse de l'acceptation grandissante d'une guerre jugée inévitable, du problème de l'Allemagne, de la continuation du relèvement français, de l'organisation de l'Europe, de la place même de la France dans l'Europe et dans le Monde.

D'une pareille situation, il n'est qu'un moyen de sortir : une action concrète et résolue, portant sur un point limité mais décisif, qui entraîne sur ce point un changement fondamental et, de proche en proche, modifie les termes mêmes de l'ensemble des problèmes.

C'est dans cet esprit qu'a été formulée la proposition présentée en annexe. Les réflexions ci-dessous résument les constatations qui y ont conduit.

I

Les esprits se cristallisent sur un objectif simple et dangereux : la guerre froide.

Toutes les propositions, toutes les actions sont interprétées par l'opinion publique comme une contribution à la guerre froide.

La guerre froide, dont l'objectif essentiel est de faire céder l'adversaire, est la première phase de la guerre véritable.

Cette perspective crée chez les dirigeants une rigidité de pensée caractéristique de la poursuite d'un objet unique. La recherche des solutions des problèmes disparaît. Cette rigidité de pensée, d'objectif de part et d'autre amène inévitablement un choc qui est dans la logique inéluctable de cette perspective. De ce choc naîtra la guerre.

En fait, déjà nous sommes en guerre.

Il faut changer le cours des événements; pour cela, il faut changer l'esprit des hommes. Des paroles n'y suffisent pas. Seule une action immédiate portant sur un point essentiel peut
changer l'état statique actuel. Il faut une action profonde, réelle, immédiate et dramatique qui change les choses et fasse entrer dans la réalité les espoirs auxquels les peuples sont sur le point de ne plus croire. Et ainsi donner aux peuples des pays "libres" de l'espoir dans les objectifs plus lointains qui leur seront assignés, et créera chez eux la détermination active de les poursuivre.

II

La situation allemande devient rapidement un cancer dangereux pour la paix, dans un avenir prochain, et pour la France immédiatement, si son développement n'est pas dirigé pour les Allemands vers l'espoir et la collaboration avec les peuples libres.

Cette situation ne peut pas être réglée par l'unification de l'Allemagne, car il faudrait un accord USA-URSS, impossible à concevoir pour le moment.

Elle ne peut pas être réglée par l'intégration de l'Ouest allemand avec l'Occident,
- car les allemands de l'Ouest se mettraient de ce fait, vis à vis de l'Est, en situation d'avoir accepté la séparation, tandis que l'Unité doit nécessairement être leur objectif constant.
- car l'intégration pose la question de l'armement de l'Allemagne et entraînera la guerre, provocation vis à vis des Russes.
- pour des questions politiques insolubles.

Et cependant les Américains vont insister pour que l'intégration de l'Ouest se fasse,
- parce qu'ils veulent que quelque chose se fasse et qu'ils n'ont pas d'autre idée prochaine;
- parce qu'ils doutent de la solidité et du dynamisme français. Certains pensent qu'il faut commencer l'établissement d'un remplaçant pour la France.

Il ne faut pas chercher à régler le problème allemand qui ne peut être réglé avec les données actuelles. Il faut en changer les données en les transformant.

Il faut entreprendre une action dynamique qui transforme la situation allemande et oriente l'esprit des allemands, et non pas rechercher un réglement statique sur les données actuelles.

III

La continuation du rélèvement de la France sera arrêtée si la question de la production industrielle allemande et de sa capacité de concurrence n'est pas réglée rapidement.

La base de la supériorité que les industriels français reconnaissent traditionnellement à l'Allemagne est sa production d'acier à un prix que ne peut concurrencer la France. D'où ils concluent que toute la production française en est handicapée.

Déjà l'Allemagne demande d'augmenter sa production de 11 à 14 millions de tonnes. Nous refuserons, mais les américains insisteront. Finalement nous ferons des réserves, mais nous céderons. En même temps la production française plafonne ou même baisse.

Il suffit d'énoncer ces faits pour n'avoir pas besoin d'en décrire en grands détails les conséquences : Allemagne en expansion, dumping allemand à l'exportation - demande de protection pour les industries françaises - arrêt ou camouflage de la libération des échanges - recréation des cartels d'avant-guerre - orientation éventuelle de l'expansion allemande vers l'Est, prélude aux accords politiques - France retombée dans l'ornière d'une production limitée protégée.

Les décisions qui vont amener cette situation vont être amorcées sinon prises à la conférence de Londres sous préssion américaine.

Or les U.S.A. ne souhaitent pas que les choses se développent ainsi. Ils accepteront une autre solution si elle est dynamique et constructive, surtout si elle est proposée par la France.

Avec la solution proposée disparaît la question de la domination de l'industrie allemande, dont l'existence créerait en Europe une crainte, cause de troubles constants, finalement empêcherait l'Union de l'Europe et causerait à nouveau la perte de l'Allemagne elle-même. Cette solution crée au contraire pour l'industrie tant allemande que française et européenne des conditions d'expansion commune dans la concurrence mais sans domination.

Au point de vue français, une telle solution met l'industrie française sur la même base de départ que l'industrie allemande, élimine le dumping à l'exportation qu'autrement poursuivrait l'industrie allemande de l'acier, fait participer l'industrie d'acier française à l'expansion européenne, sans crainte de dumping, sans la tentation du cartel. La crainte ches les industriels, qui entraînerait le malthusianisme, l'arrêt des "libéralisations", et finalement le retour aux ornières du passé, sera éliminée. Le plus grand obstacle à la continuation du progrès industriel français aura été écarté.

IV

Nous avons été jusqu'à ce jour engagés dans un effort d'organisation de l'Ouest à la fois économique, militaire et politique : O.E.C.E. , Pacte de Bruxelles, Strasbourg.

L'expérience de deux années, les discussions de l'O.E.C.E. sur les accords de paiement, la libération des échanges, etc... le programme d'armement soumis à la dernière réunion de Bruxelles, les discussions de Strasbourg, les efforts, qui restent sans résultats concrets, pour aboutir à une union douanière franco-italienne, montrent que nous ne faisons aucun progrès réel vers le but que nous nous sommes assigné et qui est l'organisation de l'Europe, son développement économique, et sa sécurité collective.

L'Angleterre, toute désireuse qu'elle soit de collaborer avec l'Europe ne consentira rien qui puisse avoir pour conséquence de détendre ses liens avec les Dominions, ou de l'engager avec l'Europe au delà des engagements pris par l'Amérique elle-même.

L'Allemagne, élément essentiel de l'Europe, ne peut être engagée dans l'organisation européenne dans l'état actuel des choses, pour les raisons exposées ci-dessus.

Il est certain que la continuation de l'action entreprise dans les voies dans lesquelles nous nous sommes engagés conduit à une impasse, et en outre, risque de laisser passer le temps pendant lequel cette organisation de l'Europe aurait été possible.

En effet, les peuples d'Europe n'entendent que des paroles. Ils ne croiront bientôt plus à l'idéal que les gouvernements persistent à leur offrir, mais qui n'en reste qu'à de vains discours et à des réunions futiles.

L'opinion publique américaine ne soutiendra pas l'action commune et la participation américaine si l'Europe ne se montre pas dynamique.

Pour la paix future, la création d'une Europe dynamique est indispensable. Une association des peuples "libres" à laquelle participera l'U.S.A. n'exclut pas la création d'une Europe; au contraire, parce que cette association sera fondée sur la liberté, donc sur la diversité, l'Europe, si elle est adaptée aux nouvelles conditions du monde, développera ses facultés créatrices, et ainsi graduellement apparaîtra une force d'équilibre.

Il faut donc abandonner les formes passées et entrer dans une voie de transformation, à la fois par la création de conditions économiques de base communes, et par l'instauration d'autorités nouvelles acceptées par les souverainetés nationales.

L'Europe n'a jamais existé. Ce n'est pas l'addition de souverainetés réunies dans des conseils qui crée une entité. Il faut véritablement créer l'Europe, qu'elle se manifeste à elle-même et à l'opinion américaine, et qu'elle ait confiance en son propre avenir.

Cette création, au moment où se pose la question d'une association avec une Amérique si forte, est indispensable, pour marquer que les pays d'Europe ne s'abandonnent pas à la facilité, qu'ils ne cèdent pas à la crainte, qu'ils croient en eux-mêmes, et qu'ils créent sans délai le premier instrument de la réalisation d'une Europe, au sein de la communauté nouvelle des peuples libres et pacifiques à laquelle elle apportera l'équilibre l'équilibre et la continuation de sa pensée créatrice.

V

Dans le moment présent, l'Europe ne peut naître que de la France. Seule la France peut parler et agir.

Mais si la France ne parle pas et n'agit pas maintenant, que se passerait-il ?

Un rassemblement s'opérera autour des Etats Unis, mais pour mener avec plus de force la guerre froide. La raison évidente en est que les pays d'Europe ont peur et cherchent de l'aide. L'Angleterre se rapprochera de plus en plus des Etats Unis ; l'Allemagne se développera rapidement, nous ne pourrons pas éviter son armement. La France sera reprise par son malthusianisme d'antan, et cette évolution aboutira inévitablement à son effacement.

VI

Depuis la Libération, les Français, loin d'être abattus par les épreuves, ont fait preuve de vitalité et de foi dans l'avenir : développement de la production, modernisation, transformation de l'agriculture, mise en valeur de l'Union Française etc...

Or au cours de ces années, les Français ont oublié l'Allemagne et sa concurrence. Ils croyaient à la Paix. Ils retrouvent soudain l'Allemagne et la guerre.

L'augmentation de la production de l'Allemagne, l'organisation de la guerre froide, ressusciteraient chez eux les sentiments de crainte du passé, et feraient naître les réflexes malthusiens.

Ils retomberaient dans leur psychologie craintive, au moment même où l'audace leur permettrait d'éliminer ces deux dangers et ferait faire à l'esprit français les progrès pour lesquels il est prêt.

Dans cette conjoncture, la France est désignée par le destin. Si elle prend l'initiative qui éliminera la crainte, fera renaître l'espoir dans l'avenir, rendra possible la création d'une force de paix, elle aura libéré l'Europe. Et dans une Europe libérée, l'esprit des hommes nés sur le sol de France, vivant dans la liberté, dans des conditions matérielles et sociales constamment en progrès, continuera à apporter sa contribution essentielle.

Jean Monnet écrit...

« Marcher m'a toujours été une hygiène intellectuelle autant que physique qui m'aide en effet à conclure. Ensuite c'est différent, je reviens dans le monde de l'action, de l'exécution. Celui de la routine aussi. En ce printemps 1950, la routine était devenue trop pesante et les bois de Montfort-L'Amaury me parurent étouffants. Je partis pour la montagne.

» Chaque année, si je le peux, je vais faire de grandes courses dans les Alpes, et cette fois-ci c'est en Suisse *[sic]*, à Roseland, que je donnai rendez-vous à mon guide de l'Alpe d'Huez. Combien de kilomètres avons-nous parcourus pendant deux semaines, couchant de gîte en gîte, je l'ai oublié, mais le cours de mes pensées est encore là sous mes yeux dans les notes que j'écrivais le soir à l'étape. J'y retrouve l'expression de l'inquiétude qui oppressait l'Europe cinq ans après la guerre: une autre guerre est proche devant nous si nous ne faisons rien. L'Allemagne n'en sera pas la cause, mais elle en sera l'enjeu. Il faut qu'elle cesse d'être un enjeu, qu'elle devienne au contraire un lien. Seule la France peut actuellement prendre une initiative. Qu'est-ce qui pourrait lier, avant qu'il ne soit trop tard, la France et l'Allemagne, comment enraciner dès aujourd'hui un intérêt commun entre les deux pays, telle était la question que je me posais sans trêve dans la concentration de la marche silencieuse. Quand je revins à Paris dans les premiers jours d'avril, je n'avais pas encore la réponse toute prête, mais un exposé si complet des raisons d'agir et une orientation déjà si précise que pour moi le temps de l'incertitude était passé. Il ne restait qu'à choisir le dispositif et chercher l'occasion.

» L'exposé tenait en quelques pages que peu de gens ont lues à l'époque parce que l'action survint très vite et dépassa l'analyse. Mais cette analyse qui me guidait alors est encore utile aujourd'hui pour comprendre pourquoi les choses se sont déroulées d'une certaine manière. Elle montre combien était étroite la voie de la paix dans les perspectives mondiales et de quelles possibilités limitées nous disposions pour changer les aiguillages si près de l'accident. Dès les premières phrases, on entend un signal d'alarme que l'on a oublié depuis dans l'Europe pacifiée, mais qui, cinq ans après la fin de la guerre, était une angoisse renouvelée pour les hommes et les femmes: ‹ De quelque côté qu'on se tourne, dans la situation du monde actuel, on ne rencontre que des impasses, qu'il s'agisse de l'acceptation grandissante d'une guerre jugée inévitable, du problème de l'Allemagne, de la continuation du relèvement français, de l'organisation de l'Europe, de la place même de la France dans l'Europe et dans le monde ›. »

Jean Monnet: *Mémoires, op. cit.*, pp. 342-343.

Bernard Clappier se souvient...

«Jean Monnet avait les mêmes préoccupations que Robert Schuman touchant l'Allemagne. Il s'en était ouvert à quelques personnes, et notamment à moi à l'occasion de ces déjeuners dont j'ai parlé. C'est au début de 1950 que ses idées sur ce qu'il conviendrait de faire avec l'Allemagne commencent à prendre forme. Vers le début du mois de mars 1950 il entreprend de me lire des notes qu'il a rédigées sur ce sujet, des projets, des ‹drafts› comme on dit. Mais il ne m'en laisse pas le texte. Ce qui ne m'empêchera pas, bien sûr, de mettre Robert Schuman au courant.

» Un mois plus tard, c'était vers le 10 ou le 15 avril, Monnet m'interroge sur les réactions de Robert Schuman. ‹Que pense-t-il de tout cela, de mes projets?› Je lui réponds en lui faisant observer que je n'ai qu'une connaissance verbale de ses idées, et que mon patron aime les écrits, les textes qu'il peut étudier à loisir. C'est donc en lui remettant un texte qu'on pourra obtenir de lui une réaction sérieuse.

» Le ‹détonateur› allait être la réunion franco-anglo-américaine qui devait se tenir à Londres le 10 mai 1950. C'est la proximité de la date de cette réunion qui précipita les choses.»

«Bernard Clappier témoigne». Extrait d'une interview conduite par Roger Massip, 11 novembre 1980. Publié in *L'Europe, une longue marche*. Fondation Jean Monnet pour l'Europe et Centre de recherches européennes, Lausanne, 1985, pp. 22-23.

A Houjarray, chez Jean Monnet, pendant la préparation du Plan Schuman
De gauche à droite: Bernard Clappier, Robert Schuman et Jean Monnet

Jean Monnet écrit...

«Au terme de ma réflexion, j'étais assez convaincu moi-même pour être assuré de convaincre. Mais qui et à quel moment? Sur ce dernier point, la réunion du 10 mai à Londres me semblait l'occasion à saisir. Toutefois, une telle réunion ne serait pas le lieu utile pour la proposition à laquelle je pensais et qui devait au contraire vider de leur substance les entretiens des trois Puissances occupantes. Pour que ce résultat fût atteint, il fallait auparavant créer une situation entièrement nouvelle, transformer le problème franco-allemand en un problème européen. ‹Or, dans le moment présent, écrivis-je, l'Europe ne peut naître que de la France. Seule la France peut parler et agir.› C'était à mes yeux une simple évidence de fait, et non la proclamation d'un privilège historique. ‹Si la France ne parle pas et n'agit pas maintenant, que se passera-t-il? Un rassemblement s'opérera autour des Etats-Unis, mais pour mener avec plus de force la guerre froide. La raison évidente en est que les pays d'Europe ont peur et cherchent de l'aide. L'Angleterre se rapprochera de plus en plus des Etats-Unis: l'Allemagne se développera rapidement, nous ne pourrons pas éviter son armement. La France sera reprise par son malthusianisme d'antan, et cette évolution aboutira inévitablement à son effacement.›

»Je ne me demandais pas encore qui parlerait au nom de la France et dans quelles circonstances. L'important était de savoir d'abord exactement ce que l'on voulait dire. Proposer de placer le charbon et l'acier de plusieurs pays sous une souveraineté commune, c'était un simple concept. Il fallait pousser jusqu'au dispositif, et là je ne pouvais faire appel à mon expérience – si ce n'est pour écarter les systèmes dont j'avais pu mesurer l'inefficacité, ceux des organismes internationaux de coopération impuissants à décider. Mais quelle forme aurait ce pouvoir de décision commun à la France et à l'Allemagne, pouvoir dont l'Histoire ne donnait aucun modèle, je ne le voyais pas encore et j'avais besoin d'avis. Je voulais en même temps garder l'affaire aussi secrète que possible. Or le hasard fit venir jusqu'à mon bureau, rue de Martignac, un jeune professeur de droit que je ne connaissais pas et dont nous prenions l'avis, je crois, sur la législation anti-trust qu'il me paraissait nécessaire de renforcer en France. Paul Reuter était un homme de l'Est calme, solide, dont la dialectique brillante s'attaquait aux problèmes concrets du droit et de la politique, et les remettait à leur place. Il enseignait la théorie à Aix et venait à Paris régler les difficultés du Quai d'Orsay dont il était un des trois jurisconsultes. Je vis aussitôt que les rapports entre la France et l'Allemagne étaient pour lui une préoccupation personnelle et professionnelle à la fois: le droit international pourrait-il faire disparaître les conflits dont les habitants des frontières étaient les plus constantes victimes?

»J'évoquai devant lui quelques-unes de mes idées qu'il accueillit avec tant d'intelligence et d'enthousiasme que je lui donnai un nouveau rendez-vous pour le samedi suivant qui était le 15 avril. Ce jour-là, je lui livrai l'essentiel de mon projet de fusion charbon-acier et lui demandai de réfléchir jusqu'au lendemain à la forme de l'organisme qui gérerait cet actif commun. Le dimanche, nous nous retrouvâmes avec Hirsch à Montfort-L'Amaury. C'est là, dans cette journée, que fut élaborée la première version de ce qui devait être la proposition française du 9 mai. Je ne saurais préciser, à vingt-cinq ans de distance, quelle fut la contribution de chacun de nous trois à ce texte que prit en dictée ma fidèle secrétaire, Mme Miguez. Je peux seulement dire que sans Hirsch et sans Reuter, il n'eût pas atteint d'emblée la forme élaborée qui fait de lui le véritable document d'origine de la Communauté. J'avais une vue claire de l'objectif, eux me fournirent les moyens d'y accéder à travers l'agencement de l'économie et des institutions pour lesquelles ils imaginèrent en quelques instants des formes nouvelles à la dimension de l'Europe.

» ‹La paix mondiale ne saurait être sauvegardée sans des efforts créateurs à la mesure des dangers qui la menacent. La contribution qu'une Europe organisée et vivante peut apporter à la civilisation est indispensable au maintien des relations pacifiques.› Cette introduction subsistera à travers toutes les versions successives. Pour le reste, il y aura dans les jours suivants bien des variantes dont l'exégèse montrerait la progression de notre recherche. Mais, déjà, tout était là: ‹L'Europe doit être organisée sur une base fédérale. Une union franco-allemande en est un élément essentiel, et le Gouvernement français est décidé à l'entreprendre... Les obstacles accumulés empêchent la réalisation immédiate de cette association étroite que le Gouvernement français s'assigne comme objectif. Mais dès maintenant l'établissement de bases communes de développement économique doit être la première étape de l'union franco-allemande. Le Gouvernement français propose de placer l'ensemble de la production franco-allemande d'acier et de charbon sous une Autorité internationale ouverte à la participation des autres pays d'Europe. Celle-ci aurait pour tâche d'unifier les conditions de base de la production et de permettre ainsi l'extension graduelle aux autres domaines d'une coopération effective à des fins pacifiques.›

» Les objectifs et la méthode de la Communauté étaient dès lors fixés. Les améliorations ultérieures ne toucheront plus que le style et les mécanismes. Ce qui me frappe, à la relecture de ce texte, est d'y trouver la clarté du dessein qui deviendra plus enveloppé dans la version finale: l'union franco-allemande en est la préoccupation centrale. Si l'on n'y atteint pas d'emblée c'est en raison des ‹obstacles accumulés›. Il faut commencer par ‹l'établissement de bases communes de développement économique›, d'abord pour le charbon et l'acier, puis pour d'autres domaines. Sans doute, ai-je pensé un instant que la première étape vers la fédération européenne serait cette union des deux pays et d'eux seuls – et que les autres s'y joindraient plus tard. Finalement sur la version originale, j'ajoutai le soir, à la main, que l'Autorité serait ‹ouverte à la participation des autres pays d'Europe›. Au matin, ce n'était pas le point décisif – et il faut toujours revenir au matin des choses pour en voir le cœur.

» Sur les pouvoirs de l'Autorité nouvelle, les grandes lignes étaient tracées, et elles le seraient pour longtemps. Grâce à Hirsch, la construction allait être solide du premier coup. Etablir sur une base commune la production et la distribution des deux produits fondamentaux, assurer leur mise en vente à des conditions identiques, égaliser dans le progrès les conditions sociales, poursuivre l'amélioration de la production, ‹ces objectifs supposent des institutions complexes et des mesures étendues. Il faut égaliser dans les deux Etats les conditions économiques des productions envisagées tant en ce qui concerne la fiscalité, les charges sociales, les transports... La fixation de quotas de production et l'institution de mécanismes financiers de péréquation des prix seront nécessaires, ainsi que d'un fonds de reconversion.› Les grands chapitres des traités européens étaient désormais ouverts. Reuter esquissa le mécanisme institutionnel: ‹Les principes et les engagements essentiels ci-dessus définis feront l'objet d'un traité signé entre les deux Etats. L'Autorité chargée du fonctionnement de tout le régime sera composée sur la base d'une représentation paritaire franco-allemande et présidée par une personnalité agréée par les deux parties.› Si le mot n'était pas prononcé, c'était là cependant la première affirmation juridique du principe d'égalité entre la France et l'Allemagne, le pas décisif vers un avenir d'espoir. Et le texte se terminait sur ces quelques lignes qui en résumaient toute l'intention: ‹Cette proposition a une portée politique essentielle: ouvrir dans le rempart des souverainetés nationales une brèche suffisamment limitée pour rallier les consentements, suffisamment profonde pour entraîner les Etats vers l'unité nécessaire à la paix.›

»Pourquoi cette phrase ne se retrouvera-t-elle plus dans les versions suivantes, pourquoi d'autres apparaîtront-elles puis laisseront-elles place aux formules qu'on lit aujourd'hui dans les livres d'histoire, c'est le secret des dosages entre la forme et le fond des textes longuement élaborés. Neuf états se succédèrent entre le dimanche 16 avril et le samedi 6 mai. Je ne sais pas si c'est peu ou beaucoup – en cette matière, je n'ai d'autre règle que de travailler autant qu'il le faut, cent fois sur le métier si cent fois sont nécessaires pour que le résultat me donne satisfaction, ou neuf fois, comme dans cette circonstance, plus souvent quinze diront mes anciens collaborateurs qui se fussent volontiers contentés de moins. A preuve, disent-ils, nous revenions d'ordinaire à la première version qui se révélait être la meilleure. Mais que signifie cette comptabilité de l'effort? Comment être assuré que la première version est la meilleure, sinon en la comparant à ce qu'on croit être meilleur encore? Que tout serait commode si l'intuition ou le hasard conduisaient sans coup férir à l'exacte formulation d'une pensée qui n'aurait pas à se chercher! Du moins, cette intuition et ce hasard demandent-ils à être mis à l'épreuve – et l'épreuve c'est la relecture après une bonne nuit de sommeil ou la critique d'un regard neuf.

»Ce regard neuf, ce serait Uri qui le porterait le lundi matin sur le texte de la veille. J'étais décidé à l'embarquer, mais lui seul, dans notre projet initial. Son imagination, la fermeté de son style nous seraient précieuses. Il lut le texte avec son étonnante capacité de concentration qui plisse tous les traits de son visage, puis il dit simplement: ‹Cela remet beaucoup de problèmes à leur place.› C'était bien cela: il s'agissait moins de résoudre les problèmes qui sont le plus souvent dans l'ordre de la nature que de les faire rentrer dans un ordre plus rationnel, plus humain, et de les renverser pour ensuite les faire servir à la paix entre les peuples. A ce renversement, Uri contribuerait pour sa part avec bonheur. Le projet devint plus structuré, le système institutionnel s'affermit: l'Autorité internationale devint la Haute Autorité commune. Elle est qualifiée de supranationale dans la quatrième version, mais ce mot ne me plaisait pas et ne m'a jamais plu. L'important était la fonction qu'il impliquait et qui se trouvait bien mieux exprimée dans la version suivante par cette phrase: ‹Les décisions de la Haute Autorité sont exécutoires en France et en Allemagne, et dans les autres pays adhérents.› Un tel pouvoir appelait des garanties, et le principe des voies de recours sera introduit, sans plus de précision. Reuter ayant donné sa mesure, qui fut inestimable dans cette phase créatrice, repartit à Aix poursuivre son enseignement. Nous communiquions par téléphone et j'espérais qu'il reviendrait élaborer avec nous le traité. Les choses se passèrent autrement, je ne saurais dire pourquoi. Toujours est-il que Paul Reuter fut à l'origine de la Haute Autorité, du mot comme de la chose.

» De son côté, Uri donnait de la cohérence au projet économique et par approches successives créait la notion de Marché commun, espace sans entraves douanières, sans discrimination, mais réglementé dans l'intérêt général. Il introduisait l'idée de dispositions transitoires. L'ensemble offrait une impression de forte organisation et de finalité libérale à la fois. Il n'y avait pas là de contradiction: ‹Progressivement, se dégageront les conditions assurant spontanément la répartition la plus rationnelle de la production au niveau de productivité le plus élevé.› Nous ne pouvions aller plus loin dans l'esquisse technique, car aucun expert ne devait être mis dans le secret, et d'ailleurs le temps nous pressait. L'essentiel se trouvait dans les cent quatre lignes maintenant rédigées auxquelles les jours n'apportaient plus que des changements mineurs, et mieux encore dans ces cinq lignes: ‹Par la mise en commun de productions de base et l'institution d'une Haute Autorité nouvelle, dont les décisions lieront la France, l'Allemagne et les pays qui y adhéreront, cette proposition réalisera les premières assises concrètes d'une fédération européenne indispensable à la préservation de la paix.› Je demandai que ce passage fût souligné parce qu'il décrivait à la fois la méthode, les moyens et l'objectif désormais indissociables. Le dernier mot était le maître mot: la paix.

[...]

» Clappier nous aida à mettre au point le texte qui, le samedi 6 mai, prit sa forme définitive avec ces phrases nouvelles: ‹En se faisant depuis plus de vingt ans le champion de l'Europe unie, la France a toujours eu pour but essentiel de servir la paix. L'Europe n'a pas été faite, nous avons eu la guerre.› C'était le salut à Briand, mais aussi l'adieu à la rhétorique. ‹L'Europe ne se fera pas d'un coup ni dans une construction d'ensemble: elle se fera par des réalisations concrètes créant d'abord une solidarité de fait.› C'était le choix fondamental d'une méthode à intégrer sans fin les choses et les esprits. Cette méthode paraît lente et peu spectaculaire. Pourtant, elle fonctionne continûment depuis vingt-cinq ans et personne n'en a proposé d'autre pour faire progresser la Communauté. ‹Maintenant, il faut nous arrêter›, dis-je, et j'écrivis: ‹Définitif, samedi 15 h.› Dès lors, tout allait être dans la tactique. Quelques instants plus tard, je me rendais dans le bureau de Schuman avec René Mayer, ministre de la Justice, qui devint aussitôt un partisan enthousiaste de la proposition où il retrouva l'écho de nos entretiens d'Alger sur la nécessité de reconstruire l'Europe dans la paix. C'est à sa demande que nous ajoutâmes cette phrase qui passa alors pour une clause de style, mais à laquelle l'avenir devait donner sa pleine signification: ‹L'Europe pourra, avec des moyens accrus, poursuivre la réalisation de l'une de ses tâches essentielles: le développement du continent africain›.»

Jean Monnet: *Mémoires, op. cit.*, pp. 348-355.

Paul Reuter écrit...

«Et nous voilà au mercredi 12 avril 1950 à 10 h 30 du matin dans le bureau de Rabier, proche collaborateur de Monnet [...]. Malgré ma résistance inspirée par un sentiment de respectueuse déférence, il me pousse dans le bureau de Jean Monnet. Je présente à ce dernier mes respects et lui demande comment il va. Il me répond de sa voix directe: ‹Mal mon ami›, et sur une nouvelle question de ma part il me déclare sans transition: ‹Ils la lanceront, mon ami, la bombe atomique... et alors... [...].› Quand les choses ne vont pas et qu'on ne fait rien, c'est le pire qui arrive et dans le monde présent c'est la guerre. Le remède: ouvrir une perspective nouvelle et commencer par débloquer les esprits. Ceci a été exposé par écrit en termes vigoureux par Jean Monnet lui-même dans son ‹Mémorandum› du 3 mai 1950 publié par le journal *Le Monde*. Je l'écoute sans rien dire, sous le charme, mais à moitié convaincu: j'avais trop envie de vivre.

»Puis brusquement il me tend un journal avec un encadré au crayon rouge de son service de presse sur une des propositions d'Adenauer de coopération franco-allemande et me dit: ‹Qu'en pensez-vous?› Je lui dis combien je suis favorable et regrette le silence indifférent de la France. Son opinion à lui est certainement faite: il cherche depuis un certain temps dans cette voie et va tester à une cadence de plus en plus vive certaines formules qui lui trottent par la tête. ‹Que pensez-vous d'un Parlement franco-allemand?› Je fais la grimace: pour quoi faire? N'est-ce pas déjà fait au Conseil de l'Europe? Alors surgit une idée bien étrange. Monnet énumère à la suite: les Néerlandais, les Belges, les Luxembourgeois, les Lorrains, les Sarrois, les Alsaciens et les Suisses et me dit: ‹Tout ce monde-là n'est en réalité ni allemand ni français; si dans ce grand sillon rhénan on reconstituait quelque chose comme la Lotharingie, ne serait-il pas plus aisé de faire l'Europe?› Je réagis d'une manière très hostile avec des considérations trop évidentes pour être rappelées sauf celle-ci: il faut faire l'Europe par une réconciliation franco-allemande, mais les populations frontalières ont trop souffert, ce ne sont pas elles qui peuvent accepter un relâchement du lien qui les unit à leur patrie. Comme je vois que Monnet a l'air de tenir à son idée je poursuis: ‹Ne touchez en tout cas pas à leur statut politique, faites quelque chose sur le plan économique, pourquoi pas un Plan Monnet pour les régions frontalières?› De là, il était facile de passer à l'idée d'une action sectorielle limitée, parce que Ruhr, Sarre, Lorraine, c'était l'industrie lourde, c'est-à-dire le charbon et le fer; les accords sur les produits de base venaient d'être relancés par la Charte de La Havane. Monnet est tombé d'accord assez vite sur l'idée que c'était sur un point important mais limité qu'il fallait faire porter l'action, mais il ne s'agissait encore que de la région frontière. Nous nous revîmes cette semaine-là deux fois encore, probablement le vendredi et sûrement le dimanche; Hirsch et Uri avaient participé aux derniers entretiens et ce n'est que le dimanche que nous fûmes tous convaincus que le projet devait s'étendre à l'industrie charbon-acier et pas seulement à celle des confins franco-allemands. Je quittai Monnet à la fin de l'après-midi du dimanche 16 avec mandat de préparer un bref papier, un ‹cartoon›. Trois mots sont détachés en tête des notes que je viens de prendre: Paix, Europe, France-Allemagne. Je fis ce papier et l'apportai le lundi matin 17 à la secrétaire de Monnet, qui le lut en arrivant à 10 heures, en rediscuta certains éléments et une deuxième version sortit à la fin de la matinée.»

Paul Reuter: *La naissance de l'Europe communautaire*, Fondation Jean Monnet pour l'Europe et Centre de recherches européennes, Lausanne, 1980, pp. 18-20.

Paix
Europe
France-Allemagne

Unité allemande
Union France-Allemagne n'exclut pas

Méthode moment — renonciation partielle souveraineté
bases économiques
Acier houille

Placer l'ensemble de la production franco-allemande d'acier
et de charbon sous une Autorité internationale
réalisation des buts suivants:
1) Placer sur une base commune rationnelle les conditions de production et de distribution de ces deux produits fondamentaux, pour éviter le [illegible] d'égalisation
2) Ouvrir un système de garantie
et de progrès des niveaux sociaux
3) Productivité, harmonisation
4) Ouvrir dès le départ un système ouvert au service de la paix dans le monde
5) garantie
Conditions de production équivalentes: politique d'État en matière fiscale, — législation sociale et niveau de vie de la population promouvoir politique alimentaire — Détermination de quotas qui feraient l'objet
Conditions de distribution équivalentes en France et l'Allemagne — même prix acier et charbon — exportation
financiers péréquation
Accords complexes et difficiles: autorité internationale pour les distributions — pour fonctionner
l'Autorité internationale.
L'autorité internationale comporterait une
complexe: fonds de reconversion
Commissaire S.D.N.
Se présentant ainsi avec ambition

 Notes de Paul Reuter, nuit du 16 au 17 avril 1950

Rapidité : automatique → dynamique, commencement peu fin en se création [illegible]

§ I Comment faire la Paix ~~l'Europe~~ organisation

Élimination des conditions qui ont opposé All. France

essentielle à l'Europe

Europe indispensable à paix, à somme de civilisation dans le monde

Europe active vivante

Souhaite que les conditions soient réunies de l'Unité de l'Allemagne dans les réunions internationales il s'y emploiera

Pour cela G.F. est d'avis sortir cadres gouvernementaux est prêt à rentrer voie fédérale G. Allemand ici non pas pour séparer All. de l'Est mais pour

Mais déjà G.F. pense il ne faut pas attendre que le moment soit venu – pour établir assoc. et établir liens développ. éco. comme il faut établir les bases communes à la petite [illegible] et allem.

Or les notions moyens il se trouve que groupés dans un bassin fer, charbon (aujourd'hui des conflits depuis) [illegible] au commun [illegible] dispersés à l'une et à l'autre ayant [illegible] de [illegible] mettre en commun

Et donc d'avis de l'ensemble de ces ressources rendues disponibles pour l'une et l'autre

Réalisera de suite plan les principes – nationalisation –

1) Par unité [illegible] pas nationalisation – mais condition de production communes (salaires), mais au total commune qui régisse ce qu'il y a en commun

Le G.F. propose que pour réaliser ces principes

La Havane

X

une convention sont rejouée sans possibilité d'un arbitre.

Comme tout ceci pour poser le G.P. demande que ONU désigne une personne qui fera tous les 6 mois un rapport

§ Il faut que le système reste ouvert dans son supplément même à l'Europe de l'Est production ouverte, accès, systèmes production

XX

X

Fonds de reconversion
arbitre ⟶ reporté sur la gestion fortune
toutes industries fer acier
libéralisation échanges fiscales - sociales - transports -
prix de revient, quotas, commissions
- dynamique ?, ...
- conversion
pas attendre

La paix mondiale ~~mérite~~ ne saurait être sauvegardée sans des efforts créateurs à la mesure des dangers qui la menacent. ~~[illegible]~~ Une Europe ~~active et~~ unie, organisée et vivante continuant à apporter au monde l'éclat et les bienfaits de sa civilisation, est ~~[illegible]~~ indispensable ~~[illegible] pacification~~ ~~des na~~ au maintien des relations pacifiques. ~~Trop longtemps~~ ~~la~~ L'opposition de ~~[illegible]~~ la France et de l'Allemagne ~~[illegible] obstacle sur~~ ~~[illegible] l'[illegible]~~ un obstacle ~~aux relations entre~~ [illegible] a trop longtemps retardé ~~[illegible] rompu~~ a trop [illegible] des nations européennes, de ~~la~~ rassemblement des [illegible]

En envisageant sous un jour nouveau les relations franco-allemandes, le gouvernement français entend ainsi avant tout ~~offrir un~~ ~~[illegible] en offrant un~~ servir la paix.

~~[illegible]~~ Dans cet esprit le G.F. souhaite que [illegible] rapidement réunies [illegible] les conditions [illegible] dans son unité [illegible] de l'Allemagne [illegible] mondiale et apporter son appui [illegible] mais accepte la [illegible] l'importance de [illegible] une union fédérale de ~~son étendue~~ la France et de l'Allemagne [illegible] exemplaire [illegible] qui pour sa haute valeur [illegible] ~~un rassemble-~~ seule ouvrir la voie à l'ancienne [illegible] ~~[illegible]~~ européenne.

Les obstacles accumulés empêchent la réalisation instantanée de cette ~~[illegible]~~ association étroite que le G.F. s'assigne comme objectif ; ils ne sauraient justifier [illegible]

2)

l'inaction ~~ou des solutions purement verbales~~
~~Les ponts de~~ L'établissement de bases économiques communes doit être une des premières
étapes de l'union franco-allemande. Le gouvernement français estime qu'il convient dès
à présent sur un point ~~limité~~ mais essentiel
d'~~adopter~~ d'agir ~~par des méthodes~~ résolument
en apportant une solution qui ouvre les pers-
pectives ~~sortes capables~~ de porter ... les esprits et à les coeurs.
d'espoir ~~qu'exigent~~

L'histoire et la géographie apportent
à cet égard une indication ~~pr~~ certaine. La
paix doit naître de ces régions que
leur site et leur production ~~économique~~
~~a voué à la préparation~~ ont voué au
~~double rôle de~~ forger les armes de la
guerre et d'en être les ~~premières~~ plus souvent victimes. ~~Le~~ G. F. pense donc qu'il
convient de placer l'ensemble de la production franco-allemande d'acier et de
charbon sous une Autorité internationale
~~..........~~ chargée de pourvoir aux
buts suivants :

1) ~~Établir et~~ Instaurer sur une base rationnelle
commune les conditions de production et de
distribution de ces deux produits fondamentaux ~~pour~~

2) ~~Réaliser~~ l'amélioration et l'égalisation
des conditions sociales de la production ~~dans~~
ce secteur

3) Poursuivre l'amélioration de la productivité, ~~la~~ rationalisation et l'harmonisation des
activités nationales

4) ~~Ouvrir~~ Préparer l'accès de ses institutions
à d'autres États européens, et conduire son
action ~~de manière à faire un progrès des~~ ~~pour la~~ ~~gouvernement et de faire entre~~
États

5) Garantir les fins pacifiques
de cette organisation

3)

Ces objectifs ~~supposent~~ mettant en œuvre des conditions nombreuses. Il importe d'égaliser dans les deux pays les conditions économiques de la production, tant en ce qui concerne la fiscalité, les charges sociales, les transports, ~~et~~ les ~~politiques alimen~~ conditions de l'alimentation des travailleurs ~~Il serait nécessaire à cet égard~~. Ces mesures rendront moins difficile ~~la~~ la réalisation d'un résultat fondamental qui est la mise en vente à un prix identique du charbon et de l'acier sur le marché allemand et le marché français. Il conviendra néanmoins de prévoir à cet effet des mécanismes de péréquation, ainsi que la distribution de quotas de production qui seront du ressort de l'Autorité internationale. Mais la rationalisation de la production ~~et le développement de la~~ de l'exploitation et la coordination des politiques économiques permettront progressivement d'amener la disparition des entreprises les moins favorisées qui seront indemnisées par un fonds de compensation. Une exportation poursuivie en commun supposera également des règlements financiers complexes.

(La mise en place des institutions et la conclusion des accords sera difficile.)

Elle requiert une méthode nouvelle ~~en~~ conforme à l'esprit de cette ~~opération~~ ~~conformément~~ ~~de cette opération~~. Les principes et les ~~dessins~~ engagements essentiels ayant été posés par un traité signé par les deux États, il sera nécessaire que les négociations

indispensables pour définir les trop nombreuses mesures d'applications soient poursuivies avec l'assistance d'une ~~[illegible]~~
autorité tierce ou la personne d'un
arbitre ; celui-ci imposera en cas d'
opposition irréductible une solution tran-
sactionnelle. Cette même méthode permet de définir la nature de l'Auto-
rité internationale chargée ~~d'appliquer~~ [illegible]
de tout le régime ; composée essentiellement sur ~~la~~ une base de représentation
paritaire franco-allemande elle serait
présidée par une personnalité indépendante.
Si d'autres États venaient à accéder à l'accord la composition de l'Autorité internat.
le ~~mod~~ [illegible] s'~~opérant de~~ [illegible] les [illegible] et les
~~représentations~~ équitables [illegible]
médiateurs indispensables à l'action. Un
représentant de l'O.N.U. auprès de l'Autorité
internationale est chargé de rendre compte
à l'ONU deux fois par an des conditions
de fonctionnement de cet organisme ~~notamment~~
en ce qui concerne la sécurité.
Cette Autorité internat. [illegible]
dans la tradition des dispositions de Charte
de La Havane concernant les produits de
base, mais avec une ambition infiniment
plus haute dont la signification politique
est essentielle : ouvrir dans les durs
remparts des souverainetés nationales une brèche
suffisamment limitée pour rallier les consentements, suffisamment profonde pour entraîner
par ses ~~mêmes~~ premiers résultats les États
dans la voie progressive nouvelle de
l'unité dans la paix.

Les neuf projets
de la Déclaration du 9 mai 1950

1e Projet

La paix mondiale ne saurait être sauvegardée sans des efforts créateurs à la mesure des dangers qui la menacent. La contribution qu'une Europe organisée et vivante peut apporter au monde est indispensable au maintien des relations pacifiques. Pour ne plus retarder le rassemblement des nations européennes, l'opposition séculaire de la France et de l'Allemagne doit être réglée.

En envisageant sous un jour nouveau les relations franco-allemandes, le Gouvernement français entend avant tout servir la paix. Dans cet esprit, le Gouvernement français estime que l'unité allemande pacifiquement réalisée est nécessaire et il s'efforcera de la promouvoir dans les entretiens internationaux. Pour vivre l'Europe doit être organisée sur une base fédérale, une union franco-allemande en est un élément essentiel et le Gouvernement français est décidé à l'entreprendre ; dès maintenant, au Conseil de l'Europe et à l'O.E.C.E. l'Allemagne doit collaborer sur une base d'égalité avec les autres nations européennes.

Les obstacles accumulés empêchent la réalisation immédiate de cette association étroite que le Gouvernement français s'assigne pour objectif; mais dès maintenant, l'établissement de bases communes de développement économique doit être la première étape de l'union franco-allemande. L'unification des systèmes économiques exige le transfert pour des produits ou des secteurs essentiels de la souveraineté des Etats à des organisations internationales. Le Gouvernement français estime qu'il convient dès à présent sur un point limité mais essentiel d'agir résolument en apportant une solution qui ouvre des perspectives d'espoir. L'Histoire et la Géographie apportent à cet égard une indication certaine ; la paix doit naître de ces régions que leur site et leurs produits ont vouées à forger les armes des guerres dont elles sont les plus flagrantes victimes . Le Gouvernement français pense qu'il convient de placer l'ensemble de la production franco-allemande d'acier et de charbon sous une Autorité internationale. En mettant en vente du charbon et l'acier à un prix identique sur le marché allemand et sur le marché français , ainsi qu'à l'étranger, cette Autorité internationale instaurera une communauté économique dont les effets agiront en profondeur et permettront l'extension à d'autres domaines de ce régime international.

L'Autorité internationale sera chargée de pourvoir aux buts suivants :

1°) établir sur une base rationnelle commune la production et la distribution de ces deux produits fondamentaux ;

2°) réaliser l'amélioration et l'égalisation des conditions sociales de la production dans ce secteur ;

3°) poursuivre l'amélioration de la productivité, la rationalisation et l'harmonisation de ces deux activités nationales ;

4°) préparer l'accès de ces institutions à d'autres états européens et conduire leur action au profit de toute l'Europe ;

5°) garantir les fins pacifiques de l'Organisation.

Ces objectifs supposent des institutions et des mesures étendues et complexes. Il faut égaliser dans les deux Etats les conditions économiques de la production des produits envisagés tant en ce qui concerne la fiscalité, les charges sociales,

les transports et le ravitaillement de la population laborieuse. Ces mesures permettront d'atteindre un objectif essentiel : la mise en vente à ~~un prix~~ identique du charbon et de l'acier sur le marché allemand et le marché français ainsi qu'à l'étranger. Laffixation par l'Autorité internationale de quotas de production et l'institution de mécanismes financiers de péréquation des prix seront nécessaires. ~~La rationalisation de la production ainsi que l'harmonisation des politiques économiques amèneront progressivement la disparition d'entreprises par trop défavorisées en ce qui concerne leur rendement~~ ; une ~~indemnisation par~~ un fonds de ~~compensation~~ sera prévue. Une exportation poursuivie en commun supposera également des règlements financiers ~~complexes~~,

Les principes et les engagements essentiels ~~ayant été~~ définis par un traité signé des deux Etats, les négociations indispensables pour préciser les mesures d'application seront poursuivies avec l'assistance d'un arbitre désigné d'un commun accord ; celui-ci, en cas d'opposition irréductible, fixera la solution qui sera adoptée. Cette même méthode permet de définir la nature de l'Autorité internationale chargée du fonctionnement de tout le régime : composée essentiellement sur la base d'une représentation paritaire franco-allemande, l'Autorité internationale sera présidée par une personnalité ~~indépendante~~. ~~Si d'autres Etats venaient à accéder à l'accord, la composition de l'Autorité internationale modifiée réalisera la représentation équitable des intérêts en présence et les médiations indispensables à la décision.~~ Un représentant des Nations-Unies auprès de l'Autorité internationale est chargée de rendre ~~compte~~ à l'O.N.U. ~~périodiquement~~ des conditions de fonctionnement de cet organisme, notamment en ce qui concerne la sauvegarde de ses fins pacifiques.

Cette proposition est conforme à l'esprit des conventions internationales concernant les produits de base et le développement des relations internationales, notamment de celles de la charte de La Havane, ~~mais elle s'assigne une ambition infiniment plus haute dont la signification~~ politique ~~est~~ essentielle : ouvrir dans le rempart des souverainetés nationales une brèche suffisamment limitée pour rallier les consentements, suffisamment profonde pour entraîner les Etats vers l'unité nécessaire à la paix.

2e Projet

~~17 avril 1950~~

I

La paix mondiale ne saurait être sauvegardée sans des efforts créateurs à la mesure des dangers qui la menacent. La contribution qu'une Europe organisée et vivante peut apporter à la civilisation est indispensable au maintien des relations pacifiques. Pour cela, l'Europe doit être organisée sur une base fédérale. Une union franco-allemande en est un élément essentiel et le Gouvernement français est décidé à l'entreprendre.

Afin de rendre possible le rassemblement des nations européennes, l'opposition séculaire de la France et de l'Allemagne doit être éliminée. En envisageant sous ce jour nouveau les relations franco-allemandes, le Gouvernement français entend avant tout servir la paix. Dans cet esprit, le Gouvernement français estime que l'unité allemande pacifiquement réalisée est nécessaire et il s'efforcera de la promouvoir dans les entretiens internationaux. Dès maintenant, au Conseil de l'Europe et à l'O.E.C.E., l'Allemagne doit collaborer sur une base d'égalité avec les autres nations européennes.

II

Les obstacles accumulés empêchent la réalisation immédiate de cette association étroite que le Gouvernement français s'assigne pour objectif; mais, dès maintenant, l'établissement de bases communes de développement économique doit être la première étape de l'union franco-allemande. Le Gouvernement français estime qu'il convient dès à présent sur un point limité, mais essentiel, d'agir résolument en apportant une solution qui ouvre des perspectives d'espoir. L'Histoire et la Géographie apportent à cet

2.

égard une indication certaine ; la paix doit naître de ces productions principalement concentrées dans ces régions vouées à forger les armes des guerres dont elles ont été les plus constantes victimes. Le Gouvernement français propose de placer l'ensemble de la production franco-allemande d'acier ~~et de charbon~~ sous une autorité commune ~~Autorité internationale qui resterait~~ ouverte à la participation des autres pays d'Europe . Celle-ci aurait pour tâche d'unifier les conditions de base de la production et de permettre ainsi l'extension graduelle aux autres domaines d'une coopération effective à des fins pacifiques.

III

A cet effet, l'Autorité commune ~~internationale :~~

1°) établira sur une base rationnelle commune la production et la distribution de ces deux produits fondamentaux, en vue de satisfaire aux conditions les plus avantageuses les besoins des deux pays et de l'exportation

2°) réalisera l'amélioration et l'égalisation des conditions sociales de la production dans ce secteur ;

3°) poursuivre l'amélioration de la productivité, la rationalisation et l'harmonisation de ces deux activités nationales :

4°) préparera l'accès de ces institutions à d'autres états européens au profit de toute l'Europe .

Ces objectifs supposent des institutions et des mesures étendues et complexes. Il faut égaliser dans les deux Etats les conditions économiques des productions envisagées, tant en ce qui concerne la fiscalité, les charges sociales, les transports et le ravitaillement de la population laborieuse. Ces mesures permettront d'atteindre un objectif essentiel : la mise en vente, à des conditions identiques du charbon et de l'acier sur le marché allemand et le marché français ainsi qu'à l'étranger. La fixation par l'Autorité ~~internationale~~ commune de quotas de production et l'institution de mécanismes financiers de péréquation des prix seront nécessaires . . Un fonds de reconversion sera prévu pour faciliter la rationalisation de la production. Une exportation poursuivie en commun supposera également des règlements financiers appropriés.

La circulation du charbon et de l'acier entre les deux pays sera affranchie de tous droits de douane et ne pourra être affectée par des tarifs de transport différentiels

IV

Les principes et les engagements essentiels ci-dessus définis feront l'objet d'un traité signé des deux Etats. Les négociations indispensables pour préciser les mesures d'application seront poursuivies avec l'assistance d'un arbitre désigné d'un commun accord ; celui-ci, en cas d'opposition irréductible, fixera la solution qui sera adoptée. Cette même méthode permet de définir la nature de l'Autorité ~~internationale~~ commune chargée du fonctionnement de tout le régime : composée enssentiellement sur la base d'une représentation paritaire franco-allemande, l'Autorité ~~internationale~~ commune sera présidée par une personnalité agréée par les deux parties. Un représentant des Nations-Unies auprès de ~~l~~ cette Autorité ~~internationale~~ est chargé de faire deux fois par an un rapport public à l'O.N.U., rendant compte du fonctionnement de l'organisme nouveau , notamment en ce qui concerne la sauvegarde de ses fins pacifiques .

V

Cette proposition est conformé à l'esprit des conventions internationales concernant les produits de base et le développement des relations internationales, notamment de celles de la charte de La Havane. Elle a , en outre, une portée politique essentielle .

Par la mise en commun de productions de base et l'institution d'une autorité nouvelle, elle réalise les premières assises concrètes d'une fédération européenne indispensable à la préservation de la paix .

3e Projet

I

La paix mondiale ne saurait être sauvegardée sans des efforts créateurs à la mesure des dangers qui la menacent. La contribution qu'une Europe organisée et vivante peut apporter à la civilisation est indispensable au maintien des relations pacifiques. Pour celà, l'Europe doit être organisée sur une base fédérale. Une union franco-allemande en est un élément essentiel et le Gouvernement français est décidé à l'entreprendre.

Afin de rendre possible le rassemblement des nations européennes, l'opposition séculaire de la France et de l'Allemagne doit être éliminée. En envisageant sous ce jour nouveau les relations franco-allemandes, le Gouvernement français entend avant tout servir la paix. Dans cet esprit, le Gouvernement français estime que l'unité allemande pacifiquement réalisée est nécessaire et il s'efforcera de la promouvoir dans les entretiens internationaux. Dès maintenant, au Conseil de l'Europe et à l' O.E.C.E., l'Allemagne doit collaborer sur une base d'égalité avec les autres nations européennes.

II

Les obstacles accumulés empêchent la réalisation immédiate de cette association ~~étroite~~ *étroite, des peuples d'Europe* que le Gouvernement français s'assigne pour objectif ~~; mais, dès maintenant, l'établissement de bases communes de développement économique doit être la première étape de l'union franco-allemande. Le Gouvernement français~~ *Mais il* estime qu'il convient dès à présent sur un point limité, mais essentiel, d'agir résolument en apportant une solution qui ouvre des perspectives d'espoir. L'Histoire et la Géographie apportent à cet égard une indication certaine ; la paix doit naître de ces prod

tions principalement concentrées dans ces régions vouées à forger les armes des guerres dont elles ont été les plus constantes victimes. Le Gouvernement français propose de placer l'ensemble de la production franco-allemande d'acier et de charbon sous une Haute Autorité commune ouverte à la participation des autres pays d'Europe. Celle-ci aurait pour tâche d'unifier les conditions de base de la production et de permettre ainsi l'extension graduelle aux autres domaines d'une coopération effective à des fins pacifiques.

III

A cet effet, l'Autorité commune :

1° - établira sur une base rationnelle commune la production et la distribution de ces deux produits fondamentaux, ~~en vue de satisfaire aux conditions les plus avantageuses les besoins des deux pays et de l'exportation~~ ;

2° - réalisera l'amélioration et l'égalisation des conditions sociales de la production dans ce secteur ;

3° - poursuivra l'amélioration de la productivité, la rationalisation et l'harmonisation de ces deux activités nationales ;

4° - préparera l'accès de ces institutions à d'autres états européens au profit de toute l'Europe.

Ces objectifs supposent des institutions et des mesures étendues et complexes. Il faut égaliser dans les deux Etats les conditions économiques des productions envisagées, tant en ce qui concerne la fiscalité, les charges sociales, les transports et le ravitaillement de la population laborieuse. Ces mesures permettront d'atteindre un objectif essentiel : la mise en vente, à des conditions identiques du charbon et de l'acier sur le marché ~~allemand~~ français et le marché ~~français~~ allemand, ainsi qu'à l'étranger. La circulation du charbon et de l'acier entre les deux pays sera affranchie de tous droits de douane et ne pourra être affectée par des tarifs de transport différentiels. La fixation par l'Autorité commune de quotas de production et l'institution de mécanismes financiers de péréquation des prix seront nécessaires. Un fonds de reconversion sera prévu pour faciliter la rationalisation de la production. Une exportation poursuivie en commun supposera également des réglements financiers appropriés.

IV

Les principes et les engagements essentiels ci-dessus définis feront l'objet d'un traité signé des deux Etats. Les négociations indispensables pour préciser les mesures d'application seront poursuivies avec l'assistance d'un arbitre désigné d'un commun accord ; celui-ci, en cas d'opposition irréductible, fixera la solution qui sera adoptée. ~~Cette même méthode permet de définir la nature de la~~ l'Autorité commune chargée du fonctionnement de tout le régime ~~:~~ composée ~~essentiellement sur la base~~ d'une représentation paritaire franco-allemande, ~~l'Autorité commune sera~~ présidée par une personnalité agréée par les deux parties. Un représentant des Nations-Unies auprès de cette Autorité est chargé de faire deux fois par an un rapport public à l'O.N.U., rendant compte du fonctionnement de l'organisme nouveau, notamment en ce qui concerne la sauvegarde de ses fins pacifiques.

V

Cette proposition est conforme à l'esprit des conventions internationales concernant les produits de base et le développement des relations internationales, notamment de celles de la charte de La Havane. Elle a, en outre, une portée politique essentielle : ~~[illegible]~~

Par la mise en commun de productions de base et l'institution d'une Haute Autorité nouvelle, dont les décisions lieront la France, l'Allemagne et les pays qui y adhéreraient, elle réalise les premières assises concrètes d'une fédération européenne indispensable à la préservation de la paix.

4e Projet

Le 26 Avril 1950.

I

La paix mondiale ne saurait etre sauvegardee sans des efforts createurs a la mesure des dangers qui la menacent.

La contribution qu'une Europe organisee et vivante peut apporter a la civilisation est indispensable au maintien des relations pacifiques. Pour cela, l'Europe doit etre organisee sur une base federale. Une union franco-allemande en est un element essentiel et le Gouvernement francais est decide a l'entreprendre.

Afin de rendre possible le rassemblement des nations europeennes, l'opposition seculaire de la France et de l'Allemagne doit etre eliminee. En envisageant sous ce jour nouveau les relations franco-allemandes, le Gouvernement francais entend avant tout servir la paix. Dans cet esprit, le Gouvernement francais estime que l'unite allemande pacifiquement realisee est necessaire et il s'efforcera de la promouvoir dans les entretiens internationaux. Des maintenant, au Conseil de l'Europe et a l'O.E.C.E., l'Allemagne doit collaborer sur une base d'egalite avec les autres nations europeennes.

II

Les obstacles accumules empechent la realisation immediate de cette association etroite des peuples d'Europe que le Gouvernement francais s'assigne pour objectif. Mais il estime qu'il convient dès à present sur un point limite, mais essentiel, d'agir resolument en apportant une solution qui ouvre des perspectives d'espoir a tous, et assure des maintenant l'etablissement de bases communes de developpement economique, première etape de l'union franco-allemande et de la federation europeenne.

L'Histoire et la Geographie apportent a cet egard une indication certaine: la paix doit naitre de ces productions principalement concentrees dans ces regions vouees a forger les armes des guerres dont elles ont ete les plus constantes victimes. Le Gouvernement francais propose de placer l'ensemble de la production franco-allemande d'acier et de charbon sous une Haute Autorite commune ouverte a la participation des autres pays d'Europe. Celle-ci aurait pour tache d'unifier les conditions de base de la production et de permettre ainsi l'extension graduelle aux autres domaines d'une cooperation effective a des fins pacifiques.

III

A cet effet, la Haute Autorite commune:

1*) etablira sur une base rationnelle commune la production et la distribution de ces deux produits fondamentaux;

2*) realisera l'amelioration et l'egalisation des conditions sociales de la production dans ce secteur;

3*) poursuivra l'amelioration de la productivite, la rationalisation et l'harmonisation de ces deux activites nationales;

4*) preparera l'acces de ces institutions a d'autres etats europeens au profit de toute l'Europe.

Ces objectifs supposent des institutions et des mesures etendues et complexes. Il faut egaliser dans les deux Etats les conditions economiques des productions envisagees, tant en ce qui concerne la fiscalite, les charges sociales, les transports et le ravitaillement de la population laborieuse. Ces mesures permettront d'atteindre un objectif essentiel: la mise en vente, a des conditions identiques du charbon et de l'acier sur le marche francais et le marche allemand, ainsi qu'a l'etranger. La circulation du charbon et de l'acier entre les deux pays sera affranchie de tous droits de douane et ne pourra etre affectee par des tarifs de transport differentiels. La fixation par l'Autorite commune de quotas de production et l'institution de mecanismes financiers de perequation des prix seront necessaires. Un fonds de reconversion sera prevu pour faciliter la rationalisation de la production. Une exportation poursuivie en commun supposera egalement des reglements financiers appropries.

IV

Les principes et les engagements essentiels ci-dessus definis feront l'objet d'un traite signe des deux Etats. Les negociations indispensables pour preciser les mesures d'application seront poursuivies avec l'assistance d'un arbitre designe d'un commun accord; celui-ci aura charge de veiller a ce que les accords soient conformes aux principes et, en cas d'opposition irreductible, fixera la solution qui sera adopté. La Haute Autorite commune chargee du fonctionnement de tout le regime sera composee d'une representation paritaire franco-allemande, presidee par une personnalite agreee par les deux parties. Un representant des Nationa Unies aupres de cette Autorite est charge de faire deux fois par an un rapport public a l'O.N.U., rendant compte du fonctionnement de l'organisme nouveau, notamment en ce qui concerne la sauvegarde de ses fins pacifiques.

V

Cette proposition est conforme a l'esprit des conventions internationales concernant les produits de base et le developpement des relations internationales, notamment de celles de la charte de La Havane. Elle a, en outre, une portee politique essentielle: Par la mise en commun de productions de base et l'institution d'une Haute Autorite nouvelle, dont les decisions seront acceptees par la France, l'Allemagne et les pays qui y adhereront, elle realise les premieres assises concretes d'une federation europeenne indispensable a la preservation de la paix.

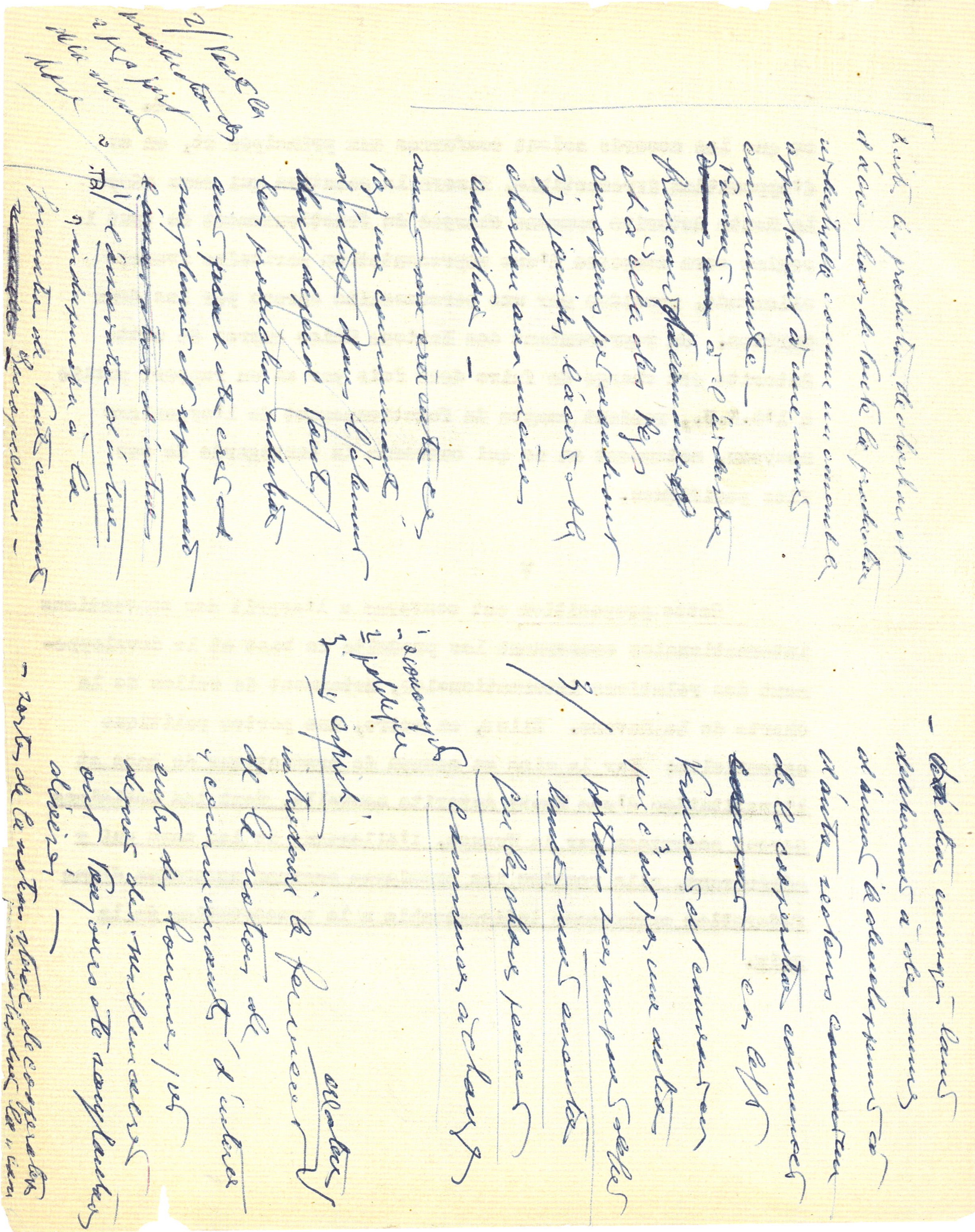

 Quatrième projet de la Déclaration, 26 avril 1950

Le 27 Avril 1950

5e Projet

I

La paix mondiale ne saurait être sauvegardée sans des efforts créateurs à la mesure des dangers qui la menacent.

La contribution qu'une Europe organisée et vivante peut apporter à la civilisation est indispensable au maintien des relations pacifiques. Pour cela, l'Europe doit être organisée sur une base fédérale. Une union franco-allemande en est un élément essentiel et le Gouvernement Français est décidé à l'entreprendre.

Afin de rendre possible le rassemblement des nations européennes, l'opposition séculaire de la France et de l'Allemagne doit être éliminée. En envisageant sous ce jour nouveau les relations franco-allemandes, le Gouvernement Français entend avant tout servir la paix. Dans cet esprit, le Gouvernement Français estime que l'unité allemande pacifiquement réalisée est nécessaire, et il s'efforcera de la promouvoir dans les entretiens internationaux. Dès maintenant, au Conseil de l'Europe et à l'O.E.C.E., l'Allemagne doit collaborer sur une base d'égalité avec les autres nations européennes.

II

Les obstacles accumulés empêchent la réalisation immédiate de cette association étroite des peuples d'Europe que le Gouvernement Français s'assigne pour objectif. La voie pour les surmonter est de porter immédiatement l'action sur un point limité, mais décisif; ~~par la signification qu'il comporte et les conséquences qu'il entraine.~~ assurant dès maintenant l'établissement de bases communes de développement économique première étape de l'Union franco-allemande et de la fédération européenne.

Le Gouvernement Français propose de placer l'ensemble de la production franco-allemande d'acier et de charbon sous une Haute Autorité commune, ouverte à la participation des autres pays d'Europe. (dans une organisation)

La solidarité de production qui sera ainsi nouée manifestera que toute guerre entre la France et l'Allemagne devient non seulement impensable, mais matériellement impossible.

L'établissement de cette unité puissante de production ouverte à tous les pays qui voudront y participer, aboutissant à fournir à tous les pays qu'elle rassemblera les éléments fondamentaux de la production industrielle aux mêmes conditions, jettera les fondements réels de leur unification économique.

Cette production accrue sera offerte à l'ensemble du monde sans distinction ni exclusion, pour participer au relèvement du niveau de vie et au développement des oeuvres de paix.

L'institution d'une autorité supra nationale attelée à une tâche définie et concrète trouvera là son premier domaine.

Ainsi peut être créée simplement et rapidement la fusion d'intérêts indispensable à l'établissement d'une communauté économique, et introduit le ferment d'une communauté plus large et plus profonde entre les pays longtemps opposés par des divisions sanglantes.

.../...

III

La mission impartie à la Haute Autorité commune sera d'~~atteindre~~ d'assurer dans les délais les plus rapides ~~3 objectifs essentiels :~~

- la modernisation de la production et l'amélioration de sa qualité;

- ~~la mise en vente~~ la fourniture à des conditions identiques du charbon et de l'acier sur le marché français et sur le marché allemand, ainsi que sur ceux des pays adhérents;

- le développement de l'exportation commune vers les autres pays;

- l'égalisation dans le progrès des conditions de vie de la main d'oeuvre de ces industries.

Pour atteindre ces objectifs à partirdes conditions très disparates dans lesquelles sont placées actuellement les productions des pays adhérents, ~~des~~ certaines dispositions, ~~certaines~~ transitoires, ~~d'autres permanentes~~, devront être mises en oeuvre, comportant l'application d'un plan de production et d'investissements, l'institution de mécanismes de peréquation des prix, la création d'un fonds de reconversion facilitant la rationalisation de la production. Progressivement se dégageront les conditions assurant spontanément la répartition la plus rationnelle de la production dans les conditions de plus haute productivité.

La circulation du charbon et de l'acier entre les pays adhérents sera immédiatement affranchie de tout droit de douane, et ne pourra être affectée par des tarifs de transport différentiels.

A l'opposé d'un cartel international tendant à la répartition et à l'exploitation des marchés nationaux par des pratiques restrictives et le maintien de profits élevés, l'organisation projetée assurera la fusion des marchés et l'expansion de la production.

.../...

IV

Les principes et les engagements essentiels ci-dessus définis feront l'objet d'un traité signé entre les Etats. Les négociations indispensables pour préciser les mesures d'application seront poursuivies avec l'assistance d'un arbitre désigné d'un commun accord; celui-ci aura charge de veiller à ce que les accords soient conformes aux principes, et, en cas d'opposition irréductible, fixera la solution qui sera adoptée. La Haute Autorité commune chargée du fonctionnement de tout le régime sera composée d'une représentation paritaire présidée par une personnalité agréée par les parties; ses décisions seront exécutoires en France, en Allemagne et dans les autres pays adhérents. Elles ne seront révisables que par appel devant la Cour permanente de Justice Internationale. Un représentant des Nations Unies auprès de cette Autorité sera chargé de faire deux fois par an un rapport public à l'ONU, rendant compte du fonctionnement de l'organisme nouveau, notamment en ce qui concerne la sauvegarde de ses fins pacifiques.

Traiter les productions de charbon et d'acier, base de toute la production industrielle comme un ensemble app artenant à une même communauté.

Fournir à l'industrie française et allemande et à celle des pays européens qui voudraient s'y joindre, l'acier et le charbon aux mêmes conditions.

Ainsi peut-être créer simplement et rapidement la fusion d'intérêts indispensable à la formation de toute communauté européenne.

L'action envisagée laisse délibérément à des mesures [illegible] ~~définie~~s le développement d'autres secteurs de la coopération commencée car le gouvernement français est convaincu que c'est par un action portant sur un point défini, limité, mais essentiel, et une action accomplie immédiatement , que les choses peuvent commencer à changer.

Introduire le ferment créateur de la notion de communauté d'intérêts entre des hommes qui depuis des siècles ont toujours été divisés et en guerre.

Dans les bureaux du Commissariat général du Plan, 18 rue de Martignac, Paris
De gauche à droite : Etienne Hirsch, Pierre Uri et Jean Monnet

6e Projet

projet

Le 28 Avril 1950

I

La paix mondiale ne saurait être sauvegardée sans des efforts créateurs à la mesure des dangers qui la menacent.

La contribution qu'une Europe organisée et vivante peut apporter à la civilisation est indispensable au maintien des relations pacifiques. Pour cela, l'Europe doit être organisée sur une base fédérale. ~~Une union franco-allemande en est un élément essentiel et le Gouvernement Français est décidé à l'entreprendre.~~

Afin de rendre possible le rassemblement des nations européennes, l'opposition séculaire de la France et de l'Allemagne doit être éliminée. En envisageant sous ce jour nouveau les relations franco-allemandes, le Gouvernement Français entend avant tout servir la paix. Dans cet esprit, le Gouvernement Français estime que l'unité allemande pacifiquement réalisée est nécessaire, et il s'efforcera de la promouvoir dans les entretiens internationaux. Dès maintenant, au Conseil de l'Europe et à l'O.E.C.E., l'Allemagne doit collaborer sur une base d'égalité avec les autres nations européennes.

II

Les obstacles accumulés empêchent la réalisation immédiate de cette association étroite des peuples d'Europe que le Gouvernement Français s'assigne pour objectif. La voie pour les surmonter est de porter immédiatement l'action sur un point limité, mais décisif : la mise en commun des productions de charbon et d'acier assurerait immédiatement l'établissement de bases communes de développement économique, première étape de ~~l'union franco-allemande et de~~ la Fédération européenne, et changerait le destin de ces régions longtemps vouées à la fabrication des armes de guerre, dont elles ont été les plus constantes victimes.

<u>Le Gouvernement Français propose de placer l'ensemble de la production franco-allemande de charbon et d'acier sous une Haute Autorité commune, dans une organisation ouverte à la participation des autres pays d'Europe</u>.

La solidarité de production qui sera ainsi nouée manifestera que toute guerre entre la France et l'Allemagne devient non seulement impensable, mais matériellement impossible.

L'établissement de cette unité puissante de production ouverte à tous les pays qui voudront y participer, aboutissant à fournir à tous les pays qu'elle rassemblera les éléments fondamentaux de la production industrielle aux mêmes conditions, jettera les fondements réels de leur unification économique.

Cette production accrue sera offerte à l'ensemble du monde sans distinction ni exclusion , pour participer au relèvement du niveau de vie et au développement des oeuvres de paix.

Ainsi peut être réalisée simplement et rapidement,la fusion d'intérêts indispensable à l'établissement d'une communauté économique, et introduit le ferment d'une communauté plus large et plus profonde entre des pays longtemps opposés par des divisions sanglantes

III

La mission impartie à la Haute Autorité commune sera d'assurer dans les délais les plus rapides : la modernisation de la production et l'amélioration de sa qualité; la fourniture à des conditions identiques du charbon et de l'acier sur le marché français et sur le marché allemande, ainsi que sur ceux des pays adhérents; le développementde l'exportation commune vers les autres pays; l'égalisation dans le progrès des conditions de vie de la main d'oeuvre de ces industries.

Pour atteindre ces objectifs à partir des conditions très disparates dans lesquelles sont placées actuellement les productions des pays adhérents, certaines dispositions transitoires devront être mises en oeuvre, comportant l'application d'un plan de production et d'investissements, l'institution de mécanismes de peréquation des prix, la création d'un fonds de reconversion facilitant la rationalisation de la production. La circulation du charbon et de l'acier entre les pays adhérents sera immédiatement affranchie de tout droit de douane, et ne pourra être affectée par des tarifs de transport différentiels. Progressivement se dégageront les conditions assurant spontanément la répartition la plus rationnelle de la production dans les conditions de plus haute productivité.

A l'opposé d'un cartèl international tendant à la répartition et à l'exploitation des marchés nationaux par des pratiques restrictives et le maintien de profits élevés, l'organisation projetée assurera la fusion des marchés et l'expansion de la production.

IV

Les principes et les engagements essentiels ci-dessus définis feront l'objet d'un traité signé entre les Etats. Les négociations indispensables pour préciser les mesures d'application seront poursuivies avec l'assistance d'un arbitre désigné d'un commun accord;

celui-ci aura charge de veiller à ce que les accords soient conformes aux principes et, en cas d'opposition irréductible, fixera la solution qui sera adoptée. La Haute Autorité commune chargée du fonctionnement de tout le régime sera composée d'une représentation paritaire présidée par une personnalité agréée par les parties; ses décisions seront exécutoires en France, en Allemagne et dans les autres pays adhérents. Elles ne seront révisables que par appel devant la Cour permanente de Justice Internationale. Un représentant des Nations Unies auprès de cette Autorité sera chargé de faire deux fois par an un rapport public à l'O.N.U. rendant compte du fonctionnement de l'organisme nouveau, notamment en ce qui concerne la sauvegarde de ses fins pacifiques.

V

Cette proposition est conforme à l'esprit des conventions internationales concernant les produits de base et le développement des relations internationales, notamment de celles de la charte de La Havane. Elle a en outre, une portée politique essentielle : Par la mise en commun de productions de base et l'institution d'une Haute Autorité nouvelle, dont les décisions seront acceptées par la France, l'Allemagne et les pays qui y adhéreront, elle réalise les premières assises concrètes d'une fédération européenne indispensable à la préservation de la paix.

Edition envoyée à R.B.

Bidault 28 Avril
Schuman 2 Mai
R. Mayer (4 Mai)

Le 28 Avril 1950

7e Projet

I

La paix mondiale ne saurait être sauvegardée sans des efforts créateurs à la mesure des dangers qui la menacent.

La contribution qu'une Europe organisée et vivante peut apporter à la civilisation est indispensable au maintien des relations pacifiques. Pour cela, l'Europe doit être organisée sur une base fédérale

Afin de rendre possible le rassemblement des nations européennes l'opposition séculaire de la France et de l'Allemagne doit être éliminée. En envisageant sous ce jour nouveau les relations franco-allemandes, le Gouvernement Français entend avant tout servir la paix. Dans cet esprit, le Gouvernement Français estime que l'unité allemande pacifiquement réalisée est nécessaire, et il s'efforcera de la promouvoir dans les entretiens internationaux. Dès maintenant, au Conseil de l'Europe et à l'O.E.C.E., l'Allemagne doit collaborer sur une base d'égalité avec les autres nations européennes.

II

Les obstacles accumulés empêchent la réalisation immédiate de cette association étroite des peuples d'Europe que le Gouvernement Français s'assigne pour objectif. La voie pour les surmonter est de porter immédiatement l'action sur un point limité, mais décisif : la mise en commun des productions de charbon et d'acier assurerait immédiatement l'établissement de bases communes de développement économique, première étape de la Fédération européenne, et changerait le destin de ces régions longtemps vouées à la fabrication des armes de guerre, dont elles ont été les plus constantes victimes.

Le Gouvernement Français propose de placer l'ensemble de la production franco-allemande de charbon et d'acier sous une Haute Autorité commune, dans une organisation ouverte à la participation des autres pays d'Europe.

La solidarité de production qui sera ainsi nouée manifestera que toute guerre entre la France et l'Allemagne devient non seulement impensable, mais matériellement impossible.

L'établissement de cette unité puissante de production ouverte à tous les pays qui voudront y participer, aboutissant à fournir à tous les pays qu'elle rassemblera les éléments fondamentaux de la production industrielle aux mêmes conditions, jettera les fondement réels de leur unification économique.

Cette production accrue sera offerte à l'ensemble du monde sans distinction ni exclusion, pour participer au relèvement du niveau de vie et au développement des oeuvres de paix.

Ainsi peut être réalisée simplement et rapidement la fusion d'intérêts indispensable à l'établissement d'une communauté économique, et introduit le ferment d'une communauté plus large et plus profonde entre des pays longtemps opposés par des divisions sanglantes.

III

La mission impartie à la Haute Autorité commune sera d'assurer dans les délais les plus rapides : la modernisation de la production et l'amélioration de sa qualité; la fourniture à des conditions identiques du charbon et de l'acier sur le marché français et sur le marché allemand, ainsi que sur ceux des pays adhérents; le développement de l'exportation commune vers les autres pays; l'égalisation dans le progrès des conditions de vie de la main d'oeuvre de ces industries.

Pour atteindre ces objectifs à partir des conditions très disparates dans lesquelles sont placées actuellement les productions des pays adhérents, certaines dispositions transitoires devront être mises en oeuvre, comportant l'application d'un plan de production et d'investissements, l'institution de mécanismes de perequation des prix, la création d'un fonds de reconversion facilitant la rationalisation de la production. La circulation du charbon et de l'acier entre les pays adhérents sera immédiatement affranchie de tout droit de douane, et ne pourra être affectée par des tarifs de transport différentiels. Progressivement se dégageront les conditions assurant spontanément la répartition la plus rationnelle de la production dans les conditions de plus haute productivité.

A l'opposé d'un cartel international tendant à la répartition et à l'exploitation des marchés nationaux par des pratiques restrictives et le maintien de profits élevés, l'organisation projetée assurera la fusion des marchés et l'expansion de la production.

IV

Les principes et les engagements essentiels ci-dessus définis feront l'objet d'un traité signé entre les Etats. Les négociations indispensables pour préciser les mesures d'application seront poursuivies avec l'assistance d'un arbitre désigné d'un commun accord; celui-ci aura charge de veiller à ce que les accords soient conformes aux principes et, en cas d'opposition irréductible, fixera la solution qui sera adoptée. La Haute Autorité commune chargée du fonctionnement de tout le régime sera composée d'une représentation paritaire présidée par une personnalité agréée par les parties; ses décisions seront exécutoires en France, en Allemagne et dans les autres pays adhérents. Elles ne seront révisables que par appel devant la Cour permanente de Justice Internationale. Un représentant des Nations Unies auprès de cette Autorité sera chargé de faire deux fois par an un rapport public à l'O.N.U. rendant compte du fonctionnement de l'organisme nouveau, notamment en ce qui concerne la sauvegarde de ses fins pacifiques.

V

Cette proposition est conforme à l'esprit des conventions internationales concernant les produits de base et le développement des relations internationales, notamment de celles de la charte de la Havane. Elle a en outre, une portée politique essentielle : Par la mise en commun de productionsde base et l'institution d'une Haute Autorité nouvelle, dont les décisions seront acceptées par la France, l'Allemagne et les pays qui y adhéreront elle réalise les premières assises concrètes d'une fédération européenne indispensable à la préservation de la paix.

(M. Clappier) Projet en cours)
8e Projet

le 4 Mai 1950

La paix mondiale ne saurait être sauvegardée sans des efforts créateurs à la mesure des dangers qui la menacent.

La contribution qu'une Europe organisée et vivante peut apporter à la civilisation est indispensable au maintien des relations pacifiques. Pour cela, l'Europe doit être organisée sur une base fédérale.

Afin de rendre possible le rassemblement des nations européennes, l'opposition séculaire de la France et de l'Allemagne doit être éliminée. En envisageant sous ce jour nouveau les relations franco-allemandes, le Gouvernement Français entend avant tout servir la paix.

Dans ce but, le Gouvernement Français propose de porter immédiatement l'action sur un point limité mais décisif :

Le Gouvernement Français propose de placer l'ensemble de la production franco-allemande de charbon et d'acier, sous une Haute Autorité commune, dans une organisation ouverte à la participation des autres pays d'Europe.

La mise en commun des productions de charbon et d'acier assurera immédiatement l'établissement de bases communes de développement économique, première étape de la Fédération européenne, et changera le destin de ces régions longtemps vouées à la fabrication des armes de guerre dont elles ont été les plus constantes victimes;

La solidarité de production qui sera ainsi nouée manifestera que toute guerre entre la France et l'Allemagne devient non seulement impensable, mais matériellement impossible. L'établissement de cette unité puissante de production ouverte à tous les pays qui voudront y participer, aboutissant à fournir à tous les pays qu'elle rassemblera les éléments fondamentaux de la production industrielle aux mêmes conditions, jettera les fondements réels de leur unification économique.

Cette production accrue sera offerte à l'ensemble du monde sans distinction ni exclusion, pour participer au relèvement du niveau de vie et au développement des oeuvres de paix.

Ainsi sera réalisée simplement et rapidement la fusion d'intérêts indispensable à l'établissement d'une communauté économique, et introduit le ferment d'une communauté plus large et plus profonde entre des pays longtemps opposés par des divisions sanglantes.

Par la mise en commun de productions de base et l'institution d'une Haute Autorité nouvelle, dont les décisions lieront la France, l'Allemagne, et les pays qui y adhéreront, cette proposition réaliserales premières assises concrètes d'une Fédération européenne indispensable à la préservation de la paix.

Pour poursuivre la réalisation des objectifs ainsi définis, le Gouvernement Français est prêt à ouvrir des négociations sur les bases suivantes :

La mission impartie à la Haute Autorité commune sera d'assurer dans les délais les plus rapides : la modernisation de la production et l'amélioration de sa qualité; la fourniture à des conditions identiques du charbon et de l'acier sur le marché français et sur le marché allemand, ainsi que sur ceux des pays adhérents; le développement de l'exportation commune vers les autres pays; l'égalisation dans le progrès des conditions de vie de la main d'oeuvre de ces industries.

Pour atteindre ces objectifs à partir des conditions très disparates dans lesquelles sont placées actuellement les productions des pays adhérents, à titre transitoire certaines dispositions devront être mises en oeuvre , comportant l'application d'un plan de production et d'investissements; l'institution de mécanismes de peréquation des prix, la création d'un fonds de reconversion facilitant la rationalisation de la production. La circulation du charbon et dè l'acier entre les pays adhérents sera immédiatement affranchie de tout droit de douane, et ne pourra être affectée par des tarifs de transport différentiels. Progressivement se dégageront les conditions assurant spontanément la répartition la plus rationnelle de la production dans les conditions de plus haute productivité.

A l'opposé d'un cartel international tendant à la répartition et à l'exploitation des marchés nationaux par des pratiques restrictives et le maintien de profits élevés, l'organisation projetée assurera la fusion des marchés et l'expansion de la production.

Les principes et les engagements essentiels ci-dessus définis feront l'objet d'un traite signé entre les Etats. Les négociations indispensables pour préciser les mesures d'application seront poursuivies avec l'assistance d'un arbitre désigné d'un commun accord; celuieci aura charge de veiller à ce que les accords soient conformes aux principes et, en cas d'opposition irréductible, fixera la solution qui sera adoptée. La Haute Autorité commune chargée du fonctionnement de tout le régime sera composée de personnalités indépendantes désignées sur une base paritaire par les Gouvernements; un Président sera choisi d'un commun accord par les Gouvernements ; ses décisions seront exécutoires en France, en Allemagne et dans les autres pays adhérents. Des dispositions appropriées assureront les voies de recours nécessaires contre les décisions de la Hauté Autorité. Un représentant des Nations Unies auprès de cette Autorité sera chargé de faire deux fois par an un rapport public à l'O.N.U. rendant compte du fonctionnement de l'organisme nouveau notamment en ce qui concerne la sauvegarde de ses fins pacifiques.

L'institution de la Haute Autorité ne préjuge en rien du régime de propriété des entreprises. Dans l'exercice de sa mission, Haute Autorité commune tiendra compte des pouvoirs conférés à l'Autorité Internationale de la Ruhr et des obligations de toute natur imposées à l'Allemagne, tant que celles-ci subsisteront.

9e Projet – Définitif

Le 6 Mai 1950

La paix mondiale ne saurait être sauvegardée sans des efforts créateurs à la mesure des dangers qui la menacent.

La contribution qu'une Europe organisée et vivante peut apporter à la civilisation est indispensable au maintien des relations pacifiques. En se faisant depuis plus de 20 ans le champion d'une Europe unie, la France a toujours eu pour objet essentiel de servir la paix. L'Europe n'a pas été faite, nous avons eu la guerre.

L'Europe ne se fera pas d'un coup, ni dans une construction d'ensemble : elle se fera par des réalisations concrètes créant d'abord une solidarité de fait. Le rassemblement des nations européennes exige que l'opposition séculaire de la France et de l'Allemagne soit éliminée : l'action entreprise doit toucher au premier chef la France et l'Allemagne.

Dans ce but, le Gouvernement Français propose de porter immédiatement l'action sur un point limité mais décisif :

Le Gouvernement Français propose de placer l'ensemble de la production franco-allemande de charbon et d'acier, sous une Haute Autorité commune, dans une organisation ouverte à la participation des autres pays d'Europe.

La mise en commun des productions de charbon et d'acier assurera immédiatement l'établissement de bases communes de développement économique, première étape de la Fédération européenne, et changera le destin de ces régions longtemps vouées à la fabrication des armes de guerre dont elles ont été les plus constantes victimes.

La solidarité de production qui sera ainsi nouée manifestera que toute guerre entre la France et l'Allemagne devient non seulement impensable, mais matériellement impossible. L'établissement de cette unité puissante de production ouverte à tous les pays qui voudront y participer, aboutissant à fournir à tous les pays qu'elle rassemblera les éléments fondamentaux de la production industrielle aux mêmes conditions, jettera les fondements réels de leur unification économique.

Cette production sera offerte à l'ensemble du monde sans distinction ni exclusion, pour participer au relèvement du niveau de vie et au développement des oeuvres de paix.

Ainsi sera réalisée simplement et rapidement la fusion d'intérêts indispensable à l'établissement d'une communauté économique et introduit le ferment d'une communauté plus large et plus profonde entre des pays longtemps opposés par des divisions sanglantes.

Par la mise en commun de productions de base et l'institution d'une Haute Autorité nouvelle, dont les décisions lieront la France, l'Allemagne, et les pays qui y adhéreront, cette proposition réalisera les premières assises concrètes d'une Fédération européenne indispensable à la préservation de la paix.

o

o o

Pour poursuivre la réalisation des objectifs ainsi définis, le Gouvernement Français est prêt à ouvrir des négociations sur les bases suivantes :

La mission impartie à la Haute Autorité commune sera d'assurer dans les délais les plus rapides : la modernisation de la production et l'amélioration de sa qualité; la fourniture à des conditions identiques du charbon et de l'acier sur le marché français et sur le marché allemand, ainsi que sur ceux des pays adhérents; le développement de l'exportation commune vers les autres pays; l'égalisation dans le progrès des conditions de vie de la main d'oeuvre de ces industries.

Pour atteindre ces objectifs à partir des conditions très disparates dans lesquelles sont placées actuellement les productions des pays adhérents, à titre transitoire certaines dispositions devront être mises en oeuvre, comportant l'application d'un plan de production et d'investissements, l'institution de mécanismes de péréquation des prix, la création d'un fonds de reconversion facilitant la rationalisation de la production. La circulation du charbon et de l'acier entre les pays adhérents sera immédiatement affranchie de tout droit de douane, et ne pourra être affectée par des tarifs de transport différentiels. Progressivement se dégageront les conditions assurant spontanément la répartition la plus rationelle de la production au niveau de productivité le plus élevé.

A l'opposé d'un cartel international tendant à la répartition et à l'exploitation des marchés nationaux par des pratiques restrictives et le maintien de profits élevés, l'organisation projetée assurera la fusion des marchés et l'expansion de la production.

Les principes et les engagements essentiels ci-dessus définis feront l'objet d'un traité signé entre les Etats. Les négociations indispensables pour préciser les mesures d'application seront poursuivies avec l'assistance d'un arbitre désigné d'un commun accord ; celui-ci aura charge de veiller à ce que les accords soient conformes aux principes et, en cas d'opposition irréductible, fixera la solution qui sera adoptée. La Haute Autorité commune chargée du fonctionnement de tout le régime sera composée de personnalités indépendantes désignées sur une base paritaire par les Gouvernements; un Président sera choisi d'un commun accord par les Gouvernements; ses décisions seront exécutoires en France, en Allemagne et dans les autres pays adhérents. Des dispositions appropriées assureront les voies de recours nécessaires contre les décisions de la Haute Autorité Un représentant des Nations Unies auprès de cette Autorité sera chargé de faire deux fois par an un rapport public à l'O.N.U. rendant compte du fonctionnement de l'organisme nouveau notamment en ce qui concerne la sauvegarde de ses fins pacifiques.

L'institution de la Haute Autorité ne préjuge en rien du régime de propriété des entreprises. Dans l'exercice de sa mission, la Haute Autorité commune tiendra compte des pouvoirs conférés à l'Autorité internationale de la Ruhr et des obligations de toute nature imposées à l'Allemagne, tant que celles-ci subsisteront.

Etienne Hirsch écrit...

«Mais avant de passer à l'action, qui devait provoquer dans l'immédiat un bouleversement radical des conditions de concurrence et du marché pour nos charbonnages et notre sidérurgie, j'éprouvai le besoin de me faire confirmer, par des avis d'hommes parfaitement au fait des problèmes de ces industries, dans ma conviction qu'il n'y avait pas de dangers véritables pour la France de s'engager dans la voie que nous voulions ouvrir. J'expliquai à Monnet mes scrupules, d'autant plus profonds que j'étais le seul du trio à avoir une connaissance concrète des conditions de travail de l'industrie française. Avec son accord, je consultai deux hommes qui, à mes yeux, étaient les mieux qualifiés pour répondre à mes préoccupations, tant par leur compétence et leur honnêteté intellectuelle que par leur discrétion. Je reçus successivement Baseilhac, président des Charbonnages de France, et pour la sidérurgie Alexis Aron, qui était unanimement reconnu et respecté comme l'expert le plus avisé.

»A chacun je remis sans commentaire les deux documents. Le président des Charbonnages me dit qu'il y aurait des problèmes pour les petits bassins du Centre-Midi, mais que la concurrence européenne ne ferait qu'accélérer un processus inéluctable, et qu'il faudrait seulement procéder plus rapidement aux réorganisations de toute façon indispensables. Quant à Alexis Aron, sa réaction fut émouvante dans son laconisme: ‹C'est cela ou la mort›.»

Etienne Hirsch: *Ainsi va la vie*, Fondation Jean Monnet pour l'Europe et Centre de recherches européennes, Lausanne, 1988, p. 104.

La transformation du projet en acte politique

Robert Schuman, ministre français des Affaires étrangères, assume la responsabilité politique du projet et la fait partager à Konrad Adenauer, chancelier fédéral d'Allemagne. Cet acte politique essentiel intervient en trois jours, entre le 7 et le 9 mai 1950.

« Quand et comment dévoiler ce secret, ce fut la décision du dimanche. Pleven, maintenant au courant et tout à fait acquis, nous conseilla sur la marche à suivre. Dans la fin de la matinée, je rejoignis Schuman et Clappier qui avaient jugé nécessaire de convoquer Alexandre Parodi, secrétaire général du Ministère des affaires étrangères. En sa personne, le Quai d'Orsay était informé et lié en même temps par la loi du silence. Nous étions bien résolus à mener toute l'opération en dehors des voies diplomatiques officielles et à nous passer des ambassadeurs. Notamment, le contact personnel que Schuman désirait prendre avec Adenauer serait confié à un membre de son cabinet qui irait secrètement à Bonn à l'heure même de la décision. Restait à fixer cette heure. Il n'y avait plus guère de choix, car pour un acte de cette importance il fallait l'accord du gouvernement tout entier. Or, on ne pouvait attendre le mercredi, jour normal du prochain Conseil des Ministres, mais aussi date de la Conférence de Londres où Schuman devait arriver avec un projet pour l'Allemagne. Pleven et Mayer firent en sorte que le Conseil se tint exceptionnellement le mardi matin. Le secret devait être total jusque-là. »

Jean Monnet : *Mémoires, op. cit.*, p. 356.

Lettre à Adenauer partie

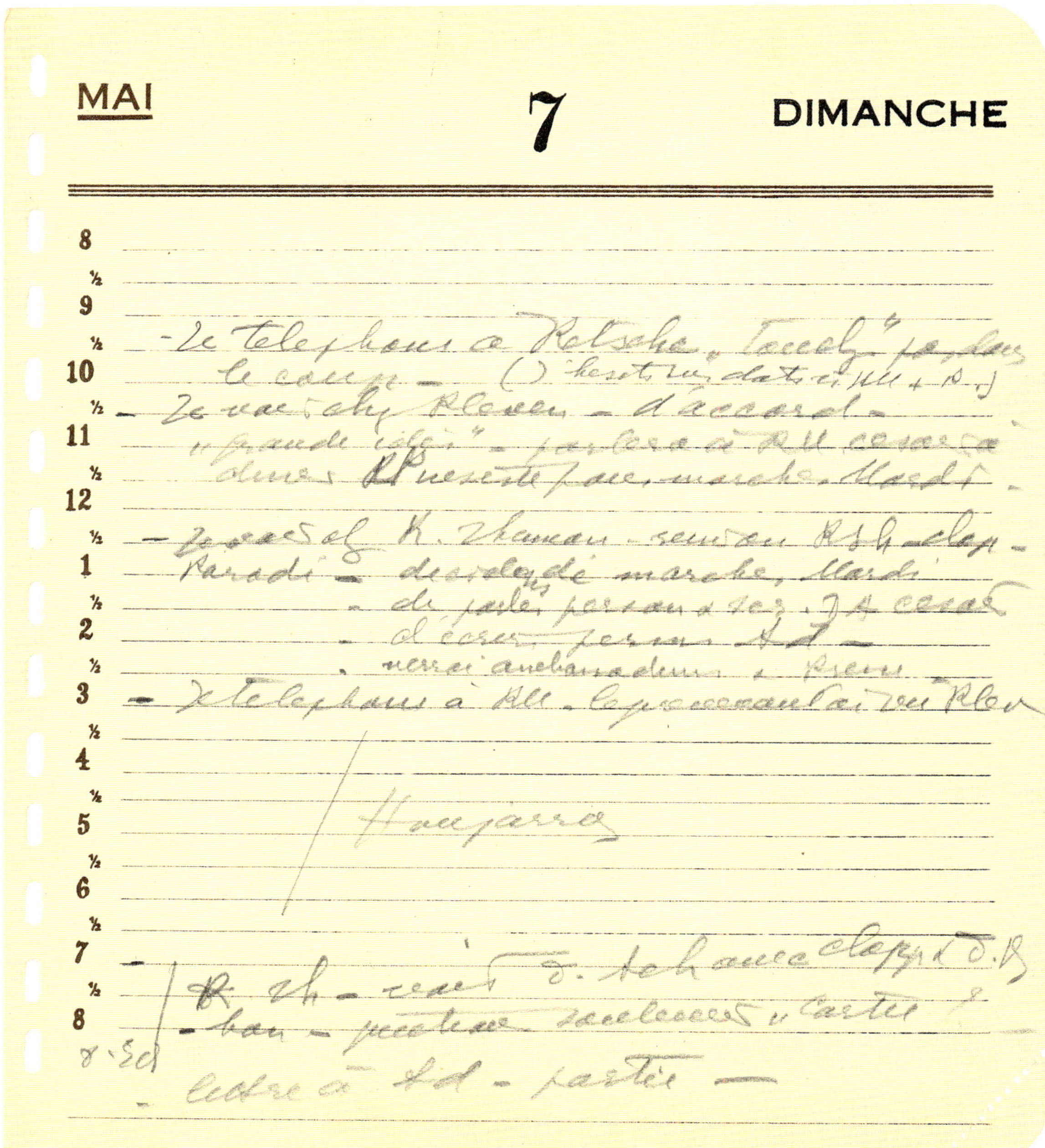

 Agenda de Jean Monnet, 7 mai 1950

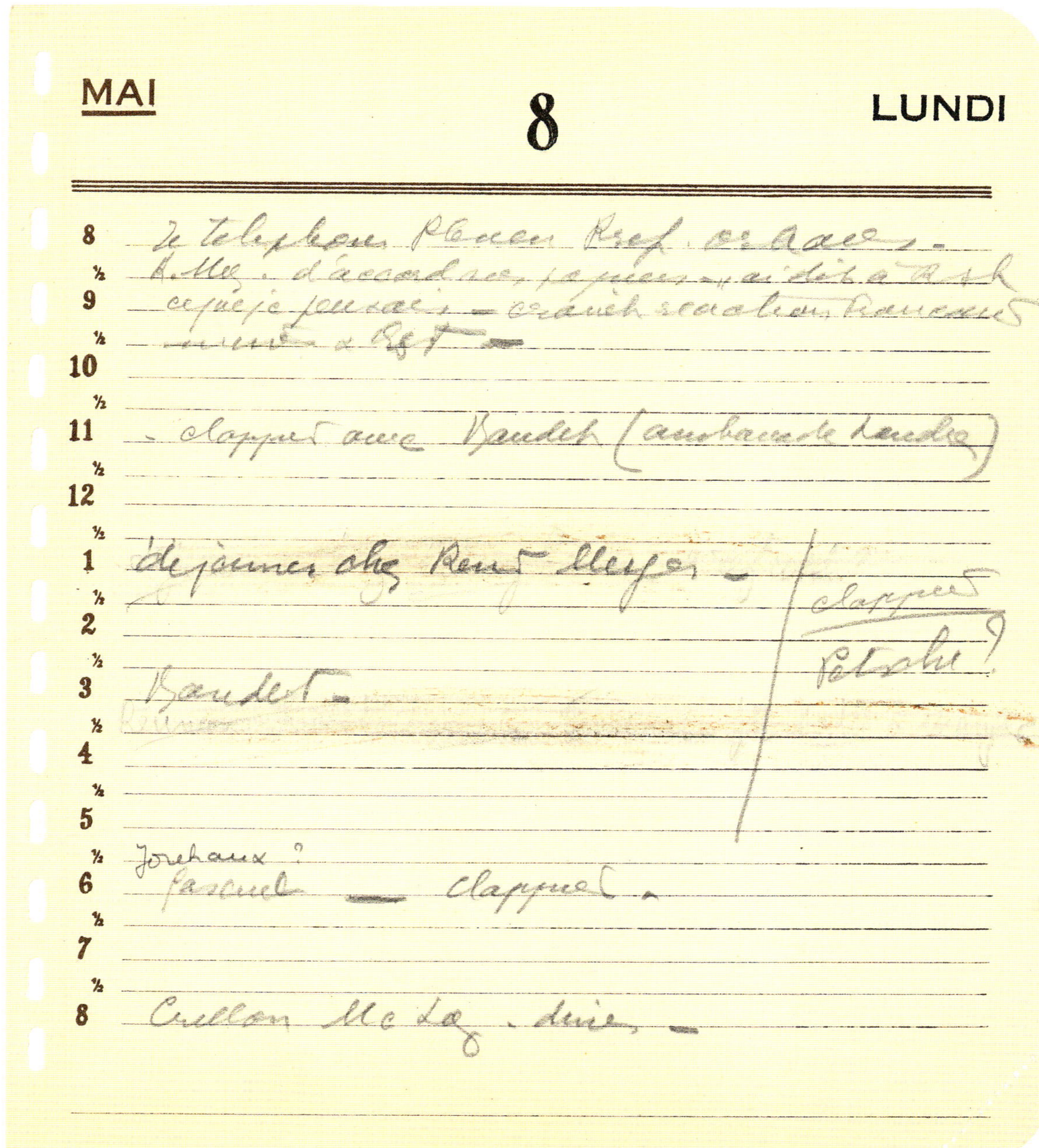

MAI 8 LUNDI

8 Je téléphone Pleven Pref. ce matin –
½ A. Mayer d'accord sur papier – ai dit à [illegible]
9 ce que je pensais – création [illegible]
½ [illegible] –
10
½
11 – Clappier avec Baudet (ambassade de Londres)
½
12
½
1 déjeuner chez René Mayer –
½
2
½
3 Baudet –
½
4
½
5
½ Jouhaux ?
6 Pascual [illegible] — Clappier –
½
7
½
8 Cullon Mc Lag. dîner –

Clappier
Petsche ?

Un échange de correspondance qui va changer le cours de l'Histoire

AFFAIRES ÉTRANGÈRES

LE MINISTRE

Auswärtiges Amt
Eing.: - 9. MAI 1950
Tgb.Nr. 273
Anl. — Dopp. —

PARIS, le 7 Mai 1950.

Monsieur le Chancelier,

A la veille de proposer au Gouvernement Français de prendre une décision importante pour l'avenir des relations franco-allemandes, de l'Europe et de la Paix, je souhaite analyser pour vous la déclaration que je vais demander à mon Gouvernement d'accepter et de rendre publique mardi soir 9 Mai. Je désire aussi vous expliquer l'esprit dans lequel j'ai rédigé cette déclaration.

La paix mondiale ne saurait être sauvegardée sans des efforts créateurs à la mesure des dangers qui la menacent.

La contribution qu'une Europe organisée et vivante peut apporter à la civilisation est indispensable au maintien des relations pacifiques. En se faisant depuis plus de 20 ans le champion d'une Europe unie, la France a toujours eu pour objet essentiel de servir la paix. L'Europe n'a pas été faite, nous avons eu la guerre.

Monsieur le Chancelier ADENAUER

Lettre de Robert Schuman à Konrad Adenauer, Paris, 7 mai 1950

L'Europe ne se fera pas d'un coup ni dans une construction d'ensemble. Elle se fera si des réalisation concrètes créent d'abord une solidarité de fait. Le rassemblement des Nations euròpéennes exige que l'opposition séculaire de la France et de l'Allemagne soit éliminée. L'action entreprise doit toucher au premier chef la France et l'Allemagne.

Vous avez vous-même, dans des déclarations publiques et lors des conversations que nous eûmes ensemble, souligné votre parfait accord avec un tel objectif. Vous avez notamment suggéré l'établissement d'une union économique entre nos deux pays.

Le moment est venu pour le Gouvernement français de s'engager dans cette voie. Pour cela il se propose de porter immédiatement l'action sur un point limité mais décisif :

"Le Gouvernement Français propose de placer l'ensemble
"de la production franco-allemande de charbon et d'acier sous
"une haute autorité commune, dans une organisation ouverte à
"la participation des autres pays d'Europe".

Le principe ci-dessus énoncé fera l'objet d'un accord inter-gouvernemental. Les négociations indispensables pour préciser les mesures d'application seraient poursuivies avec l'assistance d'un arbitre désigné d'un commun accord. Celui-ci aurait charge de veiller à ce que les accords soient conformes aux principes et, en cas d'opposition irréductible, fixerait la solution qui serait adoptée.

L'institution de cette Haute Autorité ne préjuge en rien du régime de propriété des entreprises. Dans l'exercice de sa mission, cette Haute Autorité devra tenir compte des pouvoirs conférés à l'autorité internationale de la Ruhr et des obligations de toute nature imposées à l'Allemagne, tant que celles-ci subsisteront.

Telles sont sommairement esquissées les lignes générales d'un sytème qui modifierait complètement les relations économiques entre nos deux pays et les orienterait définitivement vers une coopération pacifique . Nous jetterions en même temps les bases concrètes d'un organisme économique européen, accessible à tous les pays attachés à un régime de liberté et conscients de leur solidarité.

Ce principe devra naturellement faire l'objet d'une étude technique approfondie : je souhaite vivement que le Gouvernement allemand juge possible de participer à cette étude.

C'est mardi soir, je le souligne à nouveau, que cette déclaration sera sans doute rendue publique par le Gouvernement français. Je vous demande de bien vouloir considérer, en attendant cette publication, la présente communication comme strictement personnelle et confidentielle./.

Veuillez agréer, Monsieur le Chancelier, l'assurance de ma haute considération,

mit meinen herzlichsten Grüssen,

Schuman

Lettre de Robert Schuman à Konrad Adenauer, Paris, 7 mai 1950

zu Tgb.Nr 213 1a/18

, 8. Mai 1950

~~Geheim~~

Herrn
Präsident Robert Schuman

P a r i s
Ministerium der Auswärtigen
Angelegenheiten

Sehr geehrter Herr Präsident,

Ich beehre mich, Ihnen für Ihr freundliches Schreiben vom 7. ds. Mts., das mir durch Herrn Michlich überbracht wurde, meinen verbindlichsten Dank zu sagen.

Ich begrüße die in diesem Schreiben entwickelten Gedanken als einen entscheidenden Schritt zu einer engen Verbindung Deutschlands mit Frankreich und damit zu einer neuen, auf der Grundlage friedlicher Zusammenarbeit aufgebauten Ordnung in Europa. Selbstverständlich wird sich die Bundesregierung eingehend mit dem Plan der französischen Regierung beschäftigen, sobald Einzelheiten bekannt sind. Ich kann aber schon jetzt die Bereitschaft Deutschlands erklären, sich an dem Studium des Plans und an der Vorbereitung der in Zukunft erforderlichen organisatorischen Maßnahmen zu beteiligen.

Genehmigen Sie, Herr Präsident, den Ausdruck meiner ausgezeichneten Hochachtung

(Adenauer)

 Lettre officielle de Konrad Adenauer à Robert Schuman, Bonn, 8 mai 1950

BUNDESREPUBLIK DEUTSCHLAND
DER BUNDESKANZLER

BONN, 8. Mai 1950

Herrn
Präsident Robert Schuman

Paris
Ministerium der Auswärtigen
Angelegenheiten

Sehr geehrter Herr Präsident,

Es ist mir ein Bedürfnis, Ihnen auch persönlich für das Schreiben zu danken, mit dem Sie mich über die Absichten der französischen Regierung hinsichtlich einer engen deutsch-französischen Zusammenarbeit auf dem Gebiet von Kohle, Stahl und Eisen unterrichten.

Das deutsch-französische Verhältnis hat in den letzten Wochen und Monaten verschiedene erhebliche Rückschläge erlebt. Es ist mir eine besondere Freude, daß nunmehr mit diesem Plan der französischen Regierung die Beziehungen zwischen unseren beiden Ländern, die in Mißtrauen und Reserve zu erstarren drohten, einen neuen Auftrieb zu konstruktiver Zusammenarbeit erfahren.

Diese gute Nachricht erreicht mich in einem Augenblick, in dem ich mich entschlossen habe, dem Bundeskabinett den Beitritt der Bundesregierung zum Europarat zu empfehlen. Das Bundeskabinett wird hierüber morgen Beschluß fassen, und ich zweifle nicht, daß dieser Beschluß positiv ausfallen wird. Es wird sich sodann der Bundestag mit dieser wichtigen Frage beschäftigen, und ich glaube, daß auch er - allerdings gegen die Stimmen der Sozialdemokratie - den Beitritt Deutschlands beschließen wird. Damit ist eine wichtige Etappe in der Nachkriegsentwicklung erreicht, und ich hoffe, daß Deutschland in Straßburg einen nützlichen Beitrag zum Wiederaufbau unserer europäischen Welt leisten wird.

- 2 -

Lettre personnelle de Konrad Adenauer à Robert Schuman, Bonn, 8 mai 1950

- 2 -

Der Plan der französischen Regierung, den Sie mir in großen Zügen entwickelt haben, wird in der deutschen öffentlichen Meinung einen starken Widerhall finden, da zum ersten Mal nach der Katastrophe des Jahres 1945 Deutschland und Frankreich gleichberechtigt an einer gemeinsamen Aufgabe wirken sollen. – Ich werde glücklich sein, wenn diese von mir seit 1925 verfolgten Gedanken zur Wirklichkeit werden.

Mit freundlichen Grüßen

Ihr sehr ergebener

Adenauer

(Adenauer)

 Lettre personnelle de Konrad Adenauer à Robert Schuman, Bonn, 8 mai 1950

Quelques protagonistes évoquent l'événement

Bernard Clappier, chef de cabinet de Robert Schuman, écrit...

« Pendant toute cette période, Robert Schuman entretenait soit directement soit par mon intermédiaire un contact étroit avec Jean Monnet. Périodiquement, je déjeunais avec Jean Monnet rue de Martignac, des déjeuners assez spartiates mais couronnés par un excellent cigare et par un doigt de cette merveilleuse fine Monnet.

» Au cours du mois d'avril 1950, les choses se sont précisées et concrétisées. Les Mémoires de Jean Monnet sont tout à fait clairs sur ce point. L'état-major de la rue de Martignac – au premier rang, Etienne Hirsch et Pierre Uri – travailla d'arrache-pied car le temps pressait. Jean Monnet prévoyait en effet l'imminence d'une nouvelle crise, car le projet d'une suppression de l'Autorité internationale de la Ruhr se précisait chaque semaine davantage. Les Etats-Unis et la Grande-Bretagne et naturellement le Gouvernement allemand y étaient favorables. La France y était hostile. Lors de la semaine décisive au cours de laquelle Jean Monnet, avec le précieux concours de Paul Reuter, devait mettre la dernière main à son projet de déclaration, un contretemps me fit manquer mon rendez-vous quasi hebdomadaire rue de Martignac. Le plus cocasse est que je crois me souvenir de la nature de ce contretemps: il s'agissait d'un déjeuner avec Pierre-Louis Falaize, directeur de cabinet du président du Conseil, Georges Bidault, qui souhaitait me parler de tout autre chose. Quelques jours plus tard, je retournai déjeuner rue de Martignac et Jean Monnet m'apprit qu'il avait achevé son projet de déclaration, qu'il avait interprété mon absence au déjeuner de la semaine précédente comme signifiant un certain manque d'intérêt de Robert Schuman pour son projet et qu'en conséquence il avait transmis son texte à la présidence du Conseil (il l'avait remis à Pierre-Louis Falaize) et demandé audience au président du Conseil. Je lui demandai un texte écrit de son projet et je le remis aussitôt à Robert Schuman. C'était, si ma mémoire est bonne, le vendredi 28 avril; Robert Schuman devait partir pour Metz le lendemain et y passer paisiblement le week-end du 1er mai. Il lut attentivement le texte et me demanda mon avis sur les risques économiques de cette entreprise pour la France. Je lui répondis que ces risques ne me semblaient pas plus grands que ceux résultant d'une probable abolition de l'Autorité internationale de la Ruhr et qu'au demeurant cette proposition émanait du commissaire général au Plan, particulièrement bien placé pour apprécier les risques en question. Comme j'observais que les risques politiques de l'entreprise me semblaient considérables, il me répondit que, sous réserve d'une réflexion au cours du week-end, il en faisait son affaire. Le lundi suivant, à la Gare de l'Est où j'étais allé l'attendre, il me dit qu'il était d'accord et que je pouvais en informer immédiatement Jean Monnet. Je transmis naturellement le message. On connaît la suite. Pendant toute la semaine du 1er au 8 mai 1950, le texte fut discuté en tout petit comité, car le secret était une condition du succès de l'opération. Seuls, je crois, le président Pleven, René Mayer et le président Pinay étaient dans la confidence.

» Le 8 mai, le secrétaire d'Etat américain, Dean Acheson, de passage à Paris en route vers Londres, rencontra discrètement Robert Schuman et Jean Monnet. Il demanda quelques explications, mais exprima finalement sa satisfaction d'une proposition qui, à ses yeux, allait débloquer la situation. Je me souviens qu'en prenant congé de Robert Schuman, il lui dit en aparté: « Je vois que vous n'avez pas oublié la mission que, d'un commun accord, nous vous avions confiée. » Le soir même de ce 8 mai, et je précise la date car elle a été parfois controversée, mon ami

Konrad Adenauer et Robert Schuman,
à l'époque du Plan Schuman

Robert Mischlich, conseiller juridique au cabinet Schuman, prenait le train pour Bonn. Sa mission était de remettre, toutes affaires cessantes, au chancelier Adenauer le texte de ce qui devait devenir une proposition franco-allemande ; Robert Schuman y avait joint une lettre personnelle au chancelier.

[...]

» Telle est la description des événements dont je conserve le souvenir. Deux questions se posent alors à mes yeux. Tout d'abord, est-ce qu'un autre que Robert Schuman était susceptible de prendre aussi rapidement la responsabilité politique d'une initiative aussi novatrice ? En dehors du ministre des Affaires étrangères, Robert Schuman, un seul pouvait le faire : le président du Conseil, Georges Bidault. On sait que le projet de Jean Monnet ne lui est pas parvenu. Lorsque le projet est devenu un projet Robert Schuman, il en a naturellement été informé peu avant le Conseil des Ministres du 9 mai et, pour autant que je le sache, il n'a pas réagi de manière significative. Permettez-moi d'ajouter ici une confidence. Quelques années plus tard, j'eus l'occasion de rappeler à Georges Bidault les événements du 9 mai 1950 et de lui demander ce qu'il aurait fait si le projet de Jean Monnet lui était directement parvenu. En aurait-il pris la paternité, c'est-à-dire la responsabilité politique ? Sa réponse fut négative. Ce qui le heurtait, c'était le principe d'une Haute Autorité du charbon et de l'acier. Il avait en somme une réaction identique à celle qu'ont eue les Anglais dans les semaines qui ont suivi le 9 mai. L'idée d'une mise en commun du charbon et de l'acier lui était sympathique, mais il n'était pas prêt à accepter d'entrée de jeu cette Haute Autorité supranationale qui, aux yeux de Jean Monnet, était la clé de voûte de l'entreprise et dont, dès le début de la négociation, il devait faire un préalable. »

Bernard Clappier : « L'aventure du 9 mai 1950 », in *Une mémoire vivante*, Fondation Jean Monnet pour l'Europe et Centre de recherches européennes, Lausanne, 1986, pp. 55-58.

Robert Mischlich, messager secret de Robert Schuman auprès de Konrad Adenauer, écrit…

« Le 8 mai 1950, tôt dans la matinée, le président Schuman me fit appeler. Je me rendis immédiatement dans le modeste appartement qu'il s'était fait aménager au Quai d'Orsay. C'est là – et non dans le somptueux bureau de Vergennes – qu'il avait l'habitude de travailler, d'étudier ses dossiers et de recevoir ses proches collaborateurs. D'entrée, le président me dit qu'il avait une mission délicate et secrète à me confier: ‹ Vous m'avez accompagné lorsque, en août 1949, j'ai rencontré pour la première fois le chancelier Adenauer, vous vous rappelez sans doute combien cette entrevue fut cordiale. Vous étiez encore à mes côtés, en janvier 1950, lors de ma première visite officielle à Bonn qui se déroula dans une atmosphère glacée. Vous avez donc pu prendre la mesure de la détérioration des relations franco-allemandes. Certes, mes relations personnelles avec le chancelier restent bonnes, empreintes de la plus grande confiance. Mais l'opinion publique, tant en France qu'en Allemagne, est loin d'être toujours d'accord avec la politique de réconciliation que, sans relâche, nous poursuivons l'un et l'autre. › Je savais que les relations passionnelles, heurtées et toujours recommencées entre Paris et Bonn n'étaient pas des meilleures. Adenauer n'avait-il pas déclaré récemment que l'idée de l'unification européenne était maintenant gravement compromise? Je demandai au président Schuman comment il pensait améliorer les relations sans reconsidérer, du moins dans l'immédiat, les problèmes de la Sarre et de la Ruhr, véritables brûlots entre la France et l'Allemagne. ‹ La solution, me répondit-il, je crois l'avoir trouvée ou plus exactement l'équipe de Jean Monnet me l'a fournie. › La lumière ne vint donc pas du Quai d'Orsay, mais de la rue de Martignac où était installé Jean Monnet, un homme hors du commun, qui dirigeait les services du Plan. […]

» Le président Schuman me parla de la genèse du projet de Jean Monnet et du secret qui avait entouré son élaboration. En quelques mots, il m'en dit l'essentiel. Il souligna le rôle décisif qu'avait joué dans toute cette affaire Bernard Clappier, son directeur de cabinet et confident privilégié. Il n'avait pas seulement participé, dans le plus grand secret d'ailleurs, à l'élaboration du projet, mais il avait constamment assuré la liaison entre l'équipe de Jean Monnet et lui-même. C'était bien la première fois que Robert Schuman me parlait d'un membre de son cabinet. Ce n'était pas dans sa manière. Dans les cercles concentriques, qui ne se rencontrent que rarement, des familiers de Robert Schuman, Bernard Clappier occupe une place à part. Il se distingue des autres par le discret rayonnement de son intelligence réfléchie qui s'accompagne d'une réserve accentuée. Il juge les gens d'un coup d'œil, dont la pénétration confine au diagnostic médical, et excelle à situer les faits dans leurs vraies perspectives. Ces qualités font de lui, pour son ministre, le plus précieux des collaborateurs. Doué d'une force de persuasion peu commune, il ne discute jamais avec son chef devant témoins. Seul à seul, il parvient souvent à faire prévaloir son point de vue, mais il devient l'exécutant le plus loyal dès que la décision est prise. J'appris donc ce jour que Bernard Clappier faisait partie du ‹ complot › et qu'il y avait joué un rôle essentiel. Comme le temps pressait, Robert Schuman me dit: ‹ Vous vous rendrez à Bonn dans la soirée et vous rencontrerez le chancelier Adenauer demain avant 12 heures. Vous lui remettrez, en main propre, deux missives dont l'une contient un résumé de la proposition que je soumettrai au Conseil des Ministres du 9 mai. › Ma mission était donc parfaitement claire et programmée dans le temps avec une rare précision. Le ministre ajouta: ‹ Il n'y a que quelques personnes – dont

Jean Monnet et Clappier bien évidemment – qui soient au courant de la mission que je vous confie et qui devra rester secrète jusqu'à son accomplissement. J'attache la plus haute importance à cet aspect des choses, car la moindre indiscrétion serait de nature à faire échouer un projet auquel je tiens beaucoup.› Il observa encore: ‹Le chancelier Adenauer n'est pas dans la confidence, car rien ne fut dit ni suggéré à Bonn de ce qui se préparait rue Martignac.› ‹Mais si le chancelier n'est au courant de rien, lui répondis-je, il va sûrement me demander des précisions touchant la Sarre et la Ruhr.› ‹Je ne crois pas, me dit Robert Schuman, car le projet français a précisément pour objet d'apporter une solution aux problèmes que vous évoquez. Si jamais il les abordait, répondez-lui simplement que ces problèmes se règleront ultérieurement.›

»Rencontrer un chancelier d'Allemagne à une date très précise, sans que des contacts antérieurs aient été pris avec lui, et cela à l'insu de tous les services français et de François-Poncet lui-même, m'apparut être une tâche des plus difficiles. Je lui en fis part sans ambages. Il me répondit très malicieusement: ‹Cette tâche n'est pas au-dessus de vos moyens. D'ailleurs dans certaines circonstances de la vie, on bénéficie de grâces d'état.› Je pris congé de mon ministre non sans qu'il m'ait souhaité bonne chance dans mon entreprise. Dans la soirée, je pris le train pour Bonn.

»C'est le lendemain, 9 mai, vers dix heures, que j'arrivai au Palais Schaumburg. [...] Ma première visite fut pour Herbert Blankenhorn, le directeur du cabinet du chancelier, dont j'avais fait la connaissance lors de la visite officielle de Robert Schuman à Bonn en janvier 1950. Supérieurement intelligent, très cultivé – c'était un grand admirateur de Hölderlin – le verbe caustique, le geste élégant, Herbert Blankenhorn me reçut avec une urbanité exquise. Alors que je lui parlais de l'objet de ma mission, des pépites d'humour scintillaient comme des flammèches dans son regard clair qui prend la vie et la gloire comme elles viennent. Je le priai avec beaucoup d'insistance de faire le nécessaire pour que je visse le chancelier le plus tôt possible. Il accéda immédiatement à mon désir et, muni des lettres dont j'étais porteur, s'en fut trouver Konrad Adenauer. Ce dernier interrompit une séance du cabinet fédéral consacrée à l'entrée de l'Allemagne au Conseil de l'Europe et prit connaissance et de la proposition française et de la missive personnelle de Robert Schuman. Il en discuta assez longtemps avec Herbert Blankenhorn, puis ce dernier me retrouva pour me dire que Konrad Adenauer allait me recevoir.

»C'est vers 11 heures que j'entrai dans le cabinet du chancelier. Il n'y eut pas de témoin lors de cet entretien.»

Robert Mischlich: *Une mission secrète à Bonn*, Fondation Jean Monnet pour l'Europe et Centre de recherches européennes, Lausanne, 1986, pp. 58-60.

Montag, 8. Mai 1950

Der Herr Bundeskanzler genehmigt den Entwurf einer Denkschrift der Bundesregierung zur Frage des Beitritts zum Europarat unter gewissen Änderungen. Der Druck der Denkschrift wird sofort in Angriff genommen.

Vormittags 12 Uhr trifftder Mitarbeiter des französischen Außenministers S c h u m a n, M. M i c h l i c h, bei mir ein, um ein wichtiges Schreiben des Herrn Schuman an den Herrn Bundeskanzler zu überreichen. Das Schreiben enthält die sensationelle Eröffnung, daß die französische Regierung eine Zusammenfassung der deutschen und französischen Kohlen-, Eisen- und Stahlproduktion vorschlage. Die Einzelheiten dieser Mitteilung ergeben sich aus der Anlage (Anl.1) Herr Michlich weist darauf hin, daß seine Mission streng vertraulich behandelt werden müsse, daß niemand vom Inhalt des Schreibens Kenntnis haben dürfe, ja daß sogar seine eigene französische Hohe Kommission in Godesberg von der Mission nicht unterrichtet sei und daß er auch angewiesen worden sei, zunächst mit ihr keine Fühlung zu nehmen.

Nachmittags Besprechung des französischen Schrittes mit dem Herrn Bundeskanzler. Der Kanzler ist überzeugt, daß diese französische Maßnahme eine völlig neue Entwicklung einleiten wird.

Abends 18 Uhr Empfang des Herrn Michlich beim Bundeskanzler, um ihm ein privates und ein offizielles Antwortschreiben an Präsident Schuman zu überreichen. Man vereinbart die Veröffentlichung des französischen Schrittes für Dienstagabend, sobald Herr Schuman in einer von ihm geplanten Pressekonferenz die große Neuigkeit der Weltöffentlichkeit mitgeteilt haben würde. Die Geheimhaltung wird ausdrücklich betont, da das französische Kabinett erst Dienstagvormittag sich mit der Frage beschäftigen wird.

Jean Monnet écrit...

« Le Conseil des Ministres, en effet, siégeait à l'Elysée et Clappier se souvient de sa longue attente dans un bureau voisin. Nous-mêmes étions reliés à lui rue de Martignac par le téléphone interministériel. Midi était passé et l'ordre du jour épuisé sans que Schuman eût ouvert la bouche. Il ne pouvait intervenir avant d'être assuré qu'Adenauer avait donné son accord total, accord dont il ne doutait pas, mais qui devait être formulé. Ce long silence nous angoissait : tout allait-il se jouer à quelques minutes près ? La communication de Mischlich parvint à Clappier au moment où le Conseil venait d'être levé, et tout le monde se rassit. Ce que dit Schuman à ses collègues appartient au secret du Conseil, mais j'ai cru savoir qu'il avait été plus elliptique et moins audible encore qu'à l'accoutumée. Personne ne mit en doute l'opportunité de la proposition qu'il emportait à Londres et qu'appuyaient fortement Pleven et Mayer, même si la plupart des ministres n'en apprirent les termes exacts que dans la presse du lendemain. Le Conseil achevé, Clappier m'appela : ‹ C'est acquis, on peut y aller. › »

Jean Monnet : *Mémoires, op. cit.*, pp. 358-359.

Robert Schuman écrit...

« Et c'est ainsi que, en deux séances entre le 3 et le 9 mai 1950, le ministre des Affaires étrangères a proposé le projet au Conseil des Ministres, qui était dans l'ignorance complète de ce qui se préparait, parce qu'il fallait éviter les indiscrétions. En 5 jours le Gouvernement français fut initié et accepta. Vingt-quatre heures avant le 9 mai, les gouvernements alliés et amis, ainsi que le Gouvernement fédéral allemand, ont été mis au courant. Nous devions, avant de lancer cette bombe, savoir quel accueil elle recevrait de la part des principaux interlocuteurs. Pour nous, le principal interlocuteur, pour les raisons que j'ai rappelées tout à l'heure, c'était le Gouvernement fédéral, et c'est ainsi que nous nous sommes assurés avant le 9 mai de l'accord de principe du chancelier fédéral. Les autres gouvernements, britannique, italien, américain, ceux du Benelux, ont été mis au courant vingt-quatre heures avant la proclamation. Nous n'avions pas à demander leur accord préalable, mais comme c'est d'usage, dans les relations diplomatiques, il ne fallait pas que les gouvernements amis fussent renseignés par la lecture de la presse. »

Robert Schuman : « La « bombe » du 9 mai 1950 ». Tiré à part de deux leçons inaugurales prononcées les 22 et 23 octobre 1953 au Collège d'Europe à Bruges. Publié dans *La naissance d'un continent nouveau*, Fondation Jean Monnet pour l'Europe et Centre de recherches européennes, Lausanne, 9 mai 1990, pp. 41-42.

La proclamation de l'acte politique

Ce jour-là, l'Europe est née

Informé par le message secret de Robert Schuman, Konrad Adenauer, réalisant sur le champ la percée historique que la proposition française signifie pour l'avenir de l'Allemagne, l'accepte. Le 9 mai, en fin de matinée, Robert Mischlich peut communiquer à Bernard Clappier, à l'Elysée où le Gouvernement tient conseil, la réponse positive allemande.

Robert Schuman est dès lors en mesure de faire état de la nouvelle au Conseil des Ministres. Le projet Monnet-Schuman devient la proposition officielle de la France. Le soir du même jour, Robert Schuman, à Paris, et Konrad Adenauer, à Bonn, rendent public l'acte politique des deux gouvernements. Cette proclamation va susciter dans l'opinion un écho d'autant plus grand que l'effet de surprise est total. L'enthousiasme populaire soulevé confère au projet, à partir de ce moment, le caractère d'une authentique idée-force. L'histoire de l'Europe prend un nouveau tournant.

Conférence de presse de Robert Schuman Paris, Quai d'Orsay, Salon de l'Horloge

Le 9 mai, à 18 heures

Un journaliste du *Figaro*, Roger Massip, écrit...

«Robert Schuman et Jean Monnet se retrouvent au Quai d'Orsay dans l'après-midi. Vers dix-sept heures trente, les journalistes parisiens et les correspondants des journaux étrangers, qui ont été convoqués entre-temps, se rassemblent au Ministère des affaires étrangères. C'est dans le décor fastueux et froid du Salon de l'Horloge que Robert Schuman va leur donner lecture de l'appel historique qui devait être, sans que personne en eût encore clairement conscience, l'acte de naissance d'une nouvelle Europe.

» Mêlé à mes confrères de la presse, j'assistai à l'événement. Il reste de la cérémonie une image précise: celle de Robert Schuman, pénétrant dans la salle, silhouette familière, la tête penchée en avant, marchant à pas feutrés, suivi de quelques fonctionnaires. Il prit la place qui lui avait été réservée au haut bout d'une grande table revêtue du classique tapis vert. A sa droite, assis, silencieux, Jean Monnet. Ayant ajusté avec soin ses lunettes à grosse monture et aux verres épais qui accusaient la malice de son regard, le ministre commença sa lecture. J'entends aujourd'hui encore son accent rude et heurté: ‹Il n'est plus question de vaines paroles, mais d'un acte hardi, d'un acte constructif. La France a agi, et les conséquences de son action peuvent être immenses. Nous espérons qu'elles le seront...›

» C'était le début d'une introduction dont la lecture dura très exactement une minute et demie. Après quoi le ministre rendit public le texte de sa proposition. Lorsqu'il s'arrêta, la demie de dix-huit heures sonnait à l'Horloge. C'était la fin d'un jour mémorable, la fin du jour où l'Europe est née...»

Roger Massip : *Ce jour-là l'Europe est née (9 mai 1950)*, Fondation Jean Monnet pour l'Europe et Centre de recherches européennes, Lausanne, 1980, pp. 12-13.

version

Messieurs,

Il n'est plus question de vaines paroles, mais d'un acte, d'un acte hardi, d'un acte constructif. La France a agi et les conséquences de son action peuvent être immenses. Nous espérons qu'elles le seront.

Elle a agi essentiellement pour la Paix. Pour que la Paix puisse vraiment courir sa chance il faut, d'abord, qu'il y ait une Europe. Cinq ans, presque jour pour jour, après la capitulation sans condition de l'Allemagne, la France accomplit le premier acte décisif de la construction européenne et y associe l'Allemagne. Les conditions européennes doivent s'en trouver entièrement transformées. Cette transformation rendra possibles d'autres actions communes impossibles jusqu'à ce jour.

L'Europe naîtra de tout cela, une Europe solidement unie et fortement charpentée.

Une Europe où le niveau de vie s'élèvera grâce au groupement des productions et à l'extension des marchés qui provoqueront l'abaissement des prix.

Une Europe où la Ruhr, la Sarre et les bassins français travailleront de concert et feront profiter de leur travail pacifique, suivi par des observateurs des Nations Unies, tous les Européens, sans distinction, qu'ils soient de l'Est ou de l'Ouest, et tous les territoires, notamment l'Afrique, qui attendent du vieux continent leur développement et leur prospérité.

Voici cette décision, avec les considérations qui l'ont inspirée.

Plan Schuman

3

Le 9 Mai 1950.

La paix mondiale ne saurait être sauvegardée sans des efforts créateurs à la mesure des dangers qui la menacent.

La contribution qu'une Europe organisée et vivante peut apporter à la civilisation est indispensable au maintien des relations pacifiques. En se faisant depuis plus de 20 ans le champion d'une Europe unie, la France a toujours eu pour objet essentiel de servir la paix. L'Europe n'a pas été faite, nous avons eu la guerre.

L'Europe ne se fera pas d'un coup, ni dans une construction d'ensemble : elle se fera par des réalisations concrètes créant d'abord une solidarité de fait. Le rassemblement des nations européennes exige avant tout que l'opposition séculaire de la France et de l'Allemagne soit éliminée : l'action entreprise doit toucher au premier chef la France et l'Allemagne.

Dans ce but, le Gouvernement Français propose de porter immédiatement l'action sur un point limité mais décisif:

Le Gouvernement Français propose de placer l'ensemble de la production franco-allemande de charbon et d'acier, sous une Haute Autorité commune, dans une organisation ouverte à la participation des autres pays d'Europe.

La mise en commun des productions de charbon et d'acier assurera immédiatement l'établissement de bases communes de développement économique, première étape de la Fédération européenne, et changera le destin de ces régions longtemps vouées à la fabrication des armes de guerre dont elles ont été les plus constantes victimes.

La solidarité de production qui sera ainsi nouée manifestera que toute guerre entre la France et l'Allemagne devient non seulement impensable, mais matériellement impossible. L'établissement de cette unité puissante de production ouverte à tous les pays qui voudront y participer, aboutissant à fournir à tous les pays qu'elle rassemblera les éléments fondamentaux de la production industrielle aux mêmes conditions, jettera les fondements réels de leur unification économique.

Cette production sera offerte à l'ensemble du monde sans distinction ni exclusion, pour contribuer au relèvement du niveau de vie et au progrès des oeuvres de paix. L'Europe pourra, avec des moyens accrus, poursuivre la réalisation de l'une de ses tâches essentielles : le développement du continent Africain.

Ainsi sera réalisée simplement et rapidement la fusion d'intérêts indispensable à l'établissement d'une communauté économique et introduit le ferment d'une communauté plus large et plus profonde entre des pays longtemps opposés par des divisions sanglantes.

Par la mise en commun de productions de base et *par* l'institution d'une Haute Autorité nouvelle, dont les décisions lieront la France, l'Allemagne et les *autres* pays qui y adhéreront, cette proposition réalisera les premières assises concrètes d'une Fédération européenne indispensable à la préservation de la paix.

o
o o

Pour poursuivre la réalisation des objectifs ainsi définis, le Gouvernement Français est prêt à ouvrir des négociations sur les bases suivantes :

La mission impartie à la Haute Autorité commune sera d'assurer dans les délais les plus rapides : la modernisation de la production et l'amélioration de sa qualité; la fourniture à des conditions identiques du charbon et de l'acier sur le marché français et sur le marché allemand, ainsi que sur ceux des autres pays adhérents; le développement de l'exportation commune vers les ~~autres~~ pays non adhérents; l'égalisation dans le progrès des conditions de vie de la main d'oeuvre de ces industries.

Pour atteindre ces objectifs à partir des conditions très disparates dans lesquelles sont placées actuellement les productions des pays adhérents, à titre transitoire, certaines dispositions devront être mises en oeuvre, comportant l'application d'un plan de production et d'investissements, l'institution de mécanismes de péréquation des prix, la création d'un fonds de reconversion facilitant la rationalisation de la production. La circulation du charbon et de l'acier entre les pays adhérents sera immédiatement affranchie de tout droit de douane, et ne pourra être affectée par des tarifs de transport différentiels. Progressivement se dégageront les conditions assurant spontanément la répartition la plus rationnelle de la production au niveau de productivité le plus élevé.

A l'opposé d'un cartel international tendant à la répartition et à l'exploitation des marchés nationaux par des pratiques restrictives et le maintien de profits élevés, l'organisation projetée assurera la fusion des marchés et l'expansion de la production.

Les principes et les engagements essentiels ci-dessus définis feront l'objet d'un traité signé entre les Etats et soumis à la ratification des Parlements. Les négociations indispensables pour préciser les mesures d'application seront poursuivies avec l'assistance d'un arbitre désigné d'un commun accord; celui-ci aura charge de veiller à ce que les accords soient conformes aux principes et, en cas d'opposition irréductible, fixera la solution qui sera adoptée. La Haute Autorité commune chargée du fonctionnement de tout le régime sera composée de personnalités indépendantes désignées sur une base paritaire par les Gouvernements; un Président sera choisi d'un commun accord par les Gouvernements; ses décisions seront exécutoires en France, en Allemagne et dans les autres pays adhérents. Des dispositions appropriées assureront les voies de recours nécessaires contre les décisions de la Haute Autorité. Un représentant des Nations Unies auprès de cette Autorité sera chargé de faire deux fois par an un rapport public à l'O.N.U. rendant compte du fonctionnement de l'organisme nouveau notamment en ce qui concerne la sauvegarde de ses fins pacifiques.

L'institution de la Haute Autorité ne préjuge en rien du régime de propriété des entreprises. Dans l'exercice de sa mission, la Haute Autorité commune tiendra compte des pouvoirs conférés à l'Autorité internationale de la Ruhr et des obligations de toute nature imposées à l'Allemagne, tant que celles-ci subsisteront.

Le 9 Mai 1950

Par tous ses caractères, l'organisation projetée prend le contre pied d'un cartel.

1) Dans ses objectifs -

L'objectif d'un cartel est le maintien de profits élevés et stables, et la conservation des situations acquises. De là, la fixation de prix qui permet aux entreprises marginales de se maintenir, aux autres entreprises mieux placées, d'obtenir une rente différentielle.

L'objectif de l'organisation projetée est l'accroissement de la production et de la productivité, par l'amélioration des méthodes, l'élargissement des marchés et la rationalisation de la production.

2) Dans son mode d'action -

Le cartel est essentiellement fondé sur les accords dont le public n'a pas connaissance, et qui permettent de servir l'intérêt de la profession au détriment de l'intérêt commun.

L'organisation projetée sera placée sous le ragard de l'opinion publique, les Nations Unies feront rapport sur son activité et elle apparaîtra directement rasponsable à l'égard des pays qu'elle concerne.

3) Dans ses moyens d'action -

Les moyens d'action du cartel sont essentiellement la fixation des prix, l'attribution de quotas de production, la répartition des marchés, c'est à dire l'élimination permanente de la concurrence aux fins d'une exploitation des marchés par la profession.

L'organisation projetée ne se sert des mécanismes de répartition ou de péréquation que comme de mesures de transition destinées à opérer sans secousse les ajustements nécessaires à une situation dans laquelle les activités se répartiront rationnellement dans les conditions les plus économiques. par ailleurs, la concurrence s'exerce à conditions égales.

4) Dans ses dirigeants -

Le cartel est dirigé par des délégués de la profession chargés de servir les intérêts de leurs mandants.

L'organisation projetée sera confiée à des personnalités indépendantes joignant à leur capacité technique le souci de l'intérêt général que leur position de responsabilité publique les empêchera de perdre de vue.

5) Dans son domaine -

Le cartel a un caractère purement privé, purement professionnel et purement patronal ; il ne s'intéresse qu'à une industrie et à ses profits.

L'organisation projetée aura la responsabilité de deux industries choisies à cause de leur importance fondamentale pour l'ensemble de l'économie et pour les relations politiques même entre les pays réunis. Elle est responsable aussi bien de l'élévation du niveau de vie de la main d'oeuvre employée par ces industries. L'importance de sa mission est dès lors moins de régler le statut de deux industries prises en elles-mêmes que, à partir de ces industries, de développer les moyens et les conditions d'un relèvement du niveau de vie de la main d'oeuvre et d'une expansion des économies.

C'est par ce dernier trait que l'organisation projetée acquerra une autorité qui s'imposera aux Gouvernements eux-mêmes Telle est sa portée politique. En termes économiques, au rebours d'un cartel, elle tend à faire prévaloir les effets mêmes qui résulteraient d'une parfaite concurrence, mais en ménageant les étapes nécessaires, faute desquelles l'établissement de cette concurrence se heurterait à des résistances insurmontables.

Conférence de presse de Konrad Adenauer
Bonn, salle plénière du Bundesrat

Le 9 mai, à 20 heures

Deux heures après que Robert Schuman eut rendu publique sa Déclaration à Paris, Konrad Adenauer tient à son tour à Bonn une conférence de presse qui réunit 300 journalistes.

Fait exceptionnel, le chancelier a convié l'ensemble des ministres du cabinet à y participer afin de souligner l'importance des nouvelles qu'il entend annoncer.

La raison première de la convocation de cette conférence de presse est de communiquer la décision du Gouvernement de proposer au Parlement d'accepter l'invitation faite à la République fédérale d'Allemagne à adhérer au Conseil de l'Europe. Mais, entre-temps, le chancelier a été informé de la proposition du Gouvernement français de placer l'ensemble de la production franco-allemande de charbon et d'acier sous une Haute Autorité commune, dans une organisation ouverte à la participation des autres pays d'Europe, et de la décision prise à Paris le jour même.

Le chancelier introduit sa communication par un tour d'horizon géopolitique destiné à éclairer le contexte dans lequel s'inscrit la première décision et qui rappelle les analyses de Jean Monnet et de Robert Schuman. L'Europe est devenue un enjeu dans la guerre froide qui oppose les deux Grands. Le risque de l'affrontement ne cesse de grandir. Il appartient aux Européens, et en premier lieu aux Français et aux Allemands, de prendre eux-mêmes en main la maîtrise de leur destin. C'est dans cet esprit que le Gouvernement français vient de soumettre au cabinet allemand un plan d'action qui associe les deux pays sur un pied d'égalité à un objectif ambitieux et concret: le démarrage d'une fédération de l'Europe sur le fondement du charbon et de l'acier mis au service de la sauvegarde de la paix.

Le chancelier invite les Allemands à engager toutes leurs forces, économiques, politiques, morales et spirituelles, dans la construction de cette Europe appelée à devenir un facteur de préservation et de promotion de la paix dans le monde.

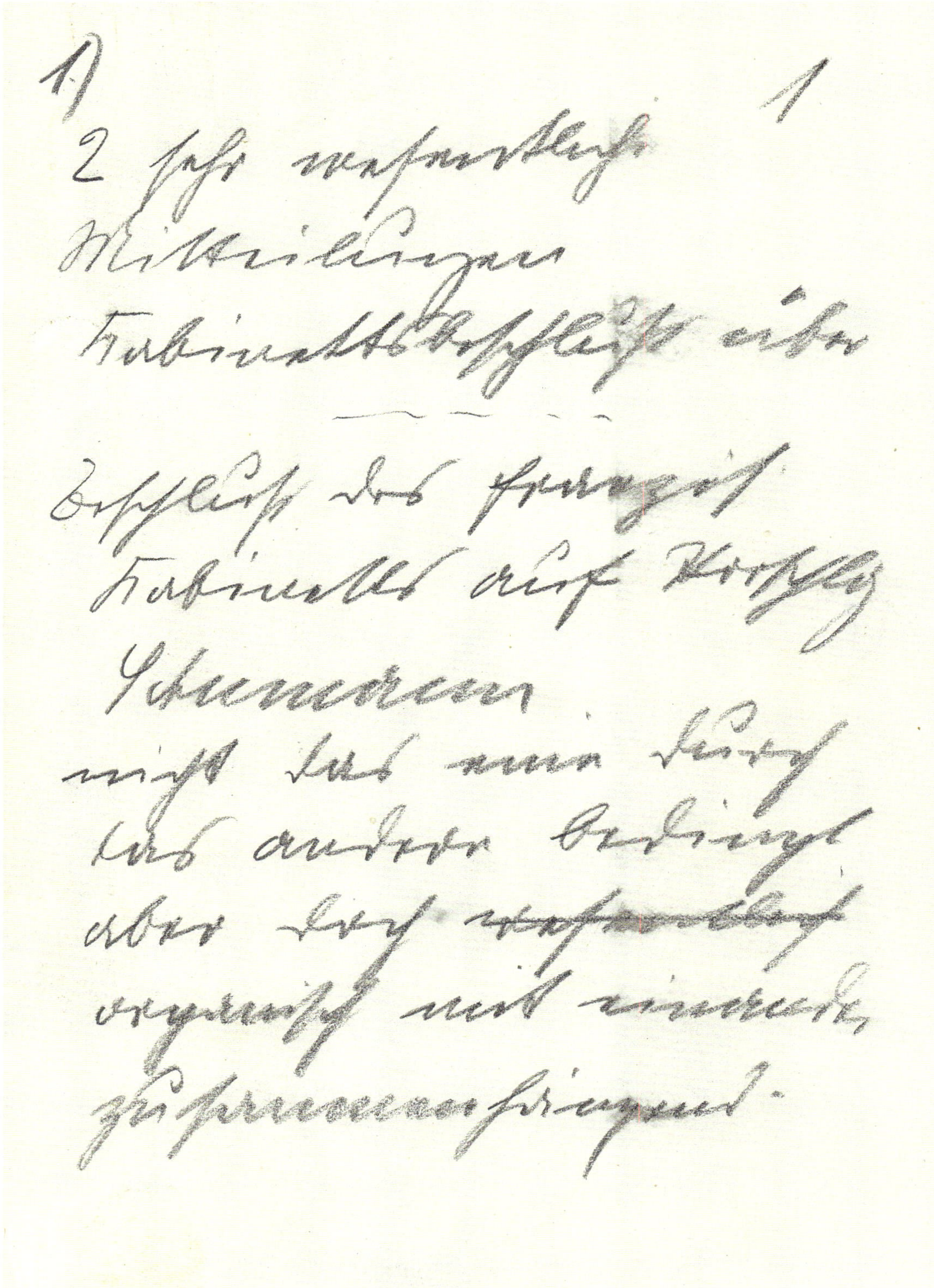

1.) 1

2 sehr wesentliche Mitteilungen

Kabinettsbeschluß über

— — —

Beschluß des französ. Kabinetts auf Vorschlag Schumann

nicht das eine durch das andere bedingt

aber doch ~~wesentlich~~ organisch mit einander zusammenhängend.

1.) 2 communications essentielles
Décision du cabinet relative à [Conseil de l'Europe]
Décision du cabinet français sur la base d'une proposition Schuman
l'une n'étant pas conditionnée par l'autre
mais les deux étant en revanche liées [essentiellement, biffé] organiquement l'une à l'autre

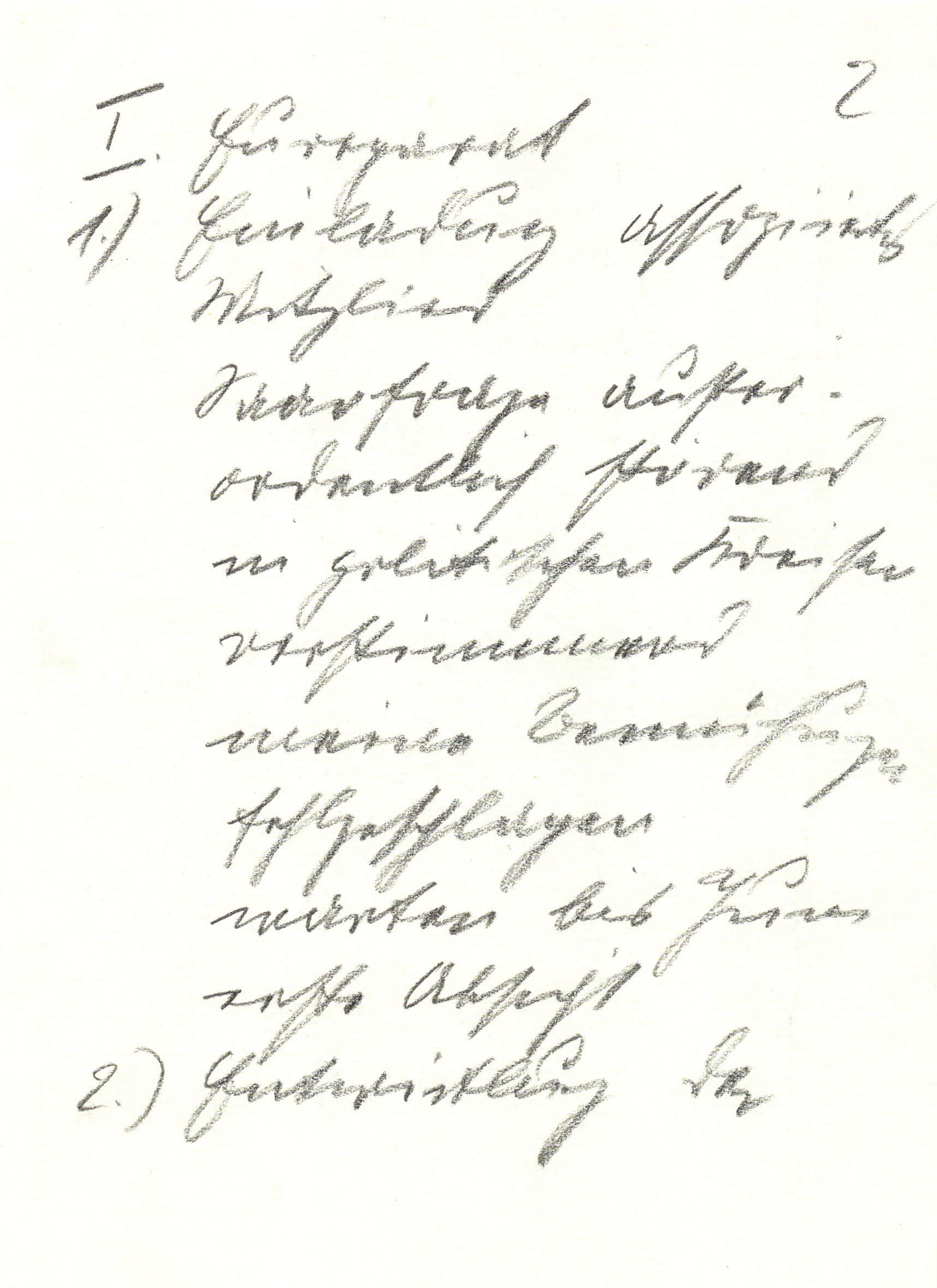

2

I. Europarat
1.) Einladung assoziiertes
Mitglied
Saarfrage außer-
ordentlich störend
in politischen Kreisen
verstimmend
meine Bemühungen
fehlgeschlagen
warten bis Juni
erste Absicht
2.) Entwicklung der

I. Conseil de l'Europe
1.) Invitation membre associé
la question de la Sarre extraordinairement gênante
indisposant les cercles politiques
mes efforts ont échoué
attendre jusqu'à juin
première intention
2.) Développement de

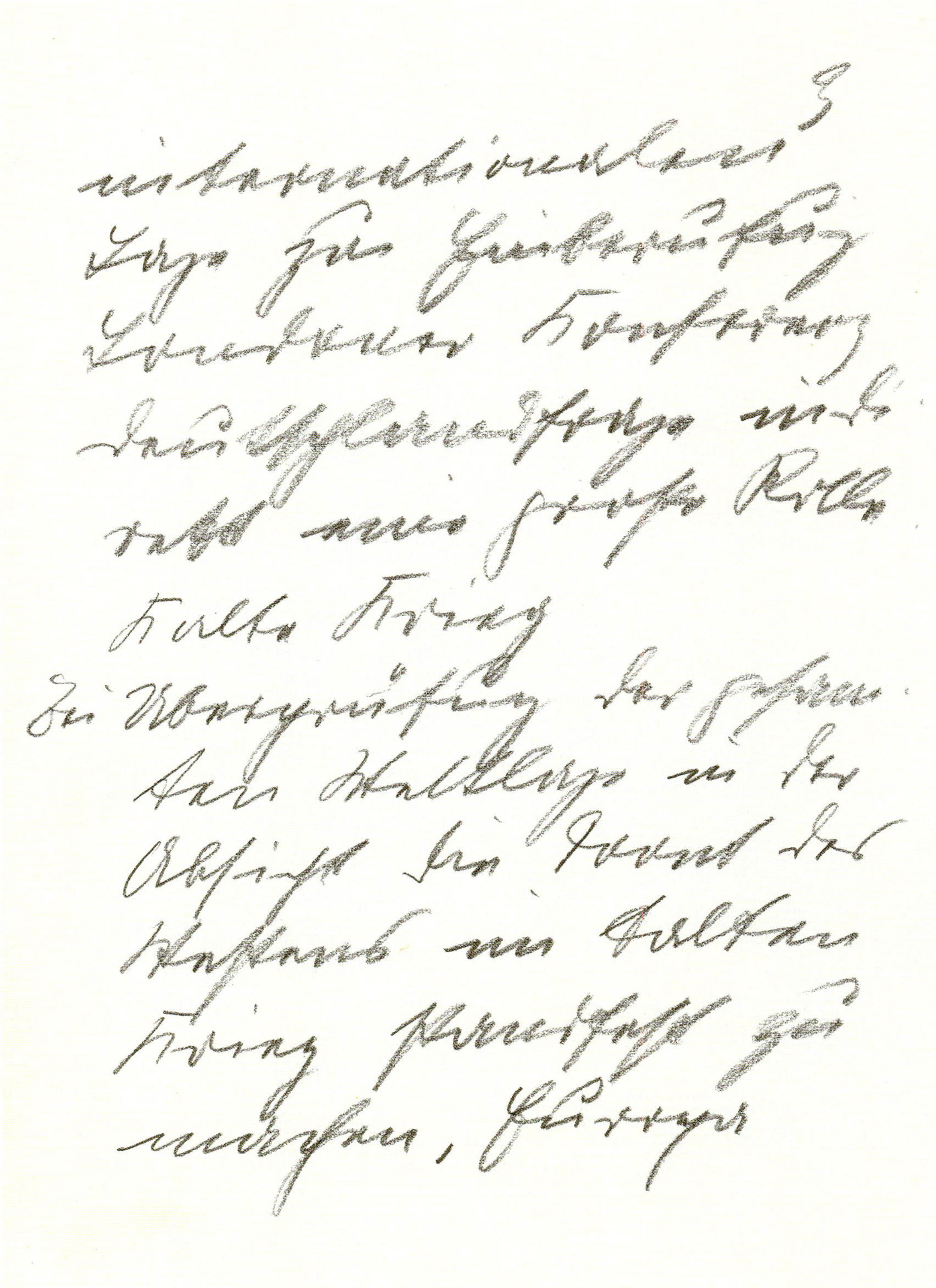

3
internationalen
Lage zur Einberufung
Londoner Konferenz
Deutschlandfrage indi-
rekt eine große Rolle
Kalter Krieg
Bei Überprüfung der gesam-
ten Weltlage in der
Absicht die Front des
Westens im Kalten
Krieg standfest zu
machen, Europa

la situation internationale
au moment de la convocation de la Conférence de Londres
question de l'Allemagne indirectement un grand rôle
guerre froide
En examinant la situation mondiale dans son ensemble dans
l'intention de stabiliser le front de l'Ouest dans la guerre froide, Europe

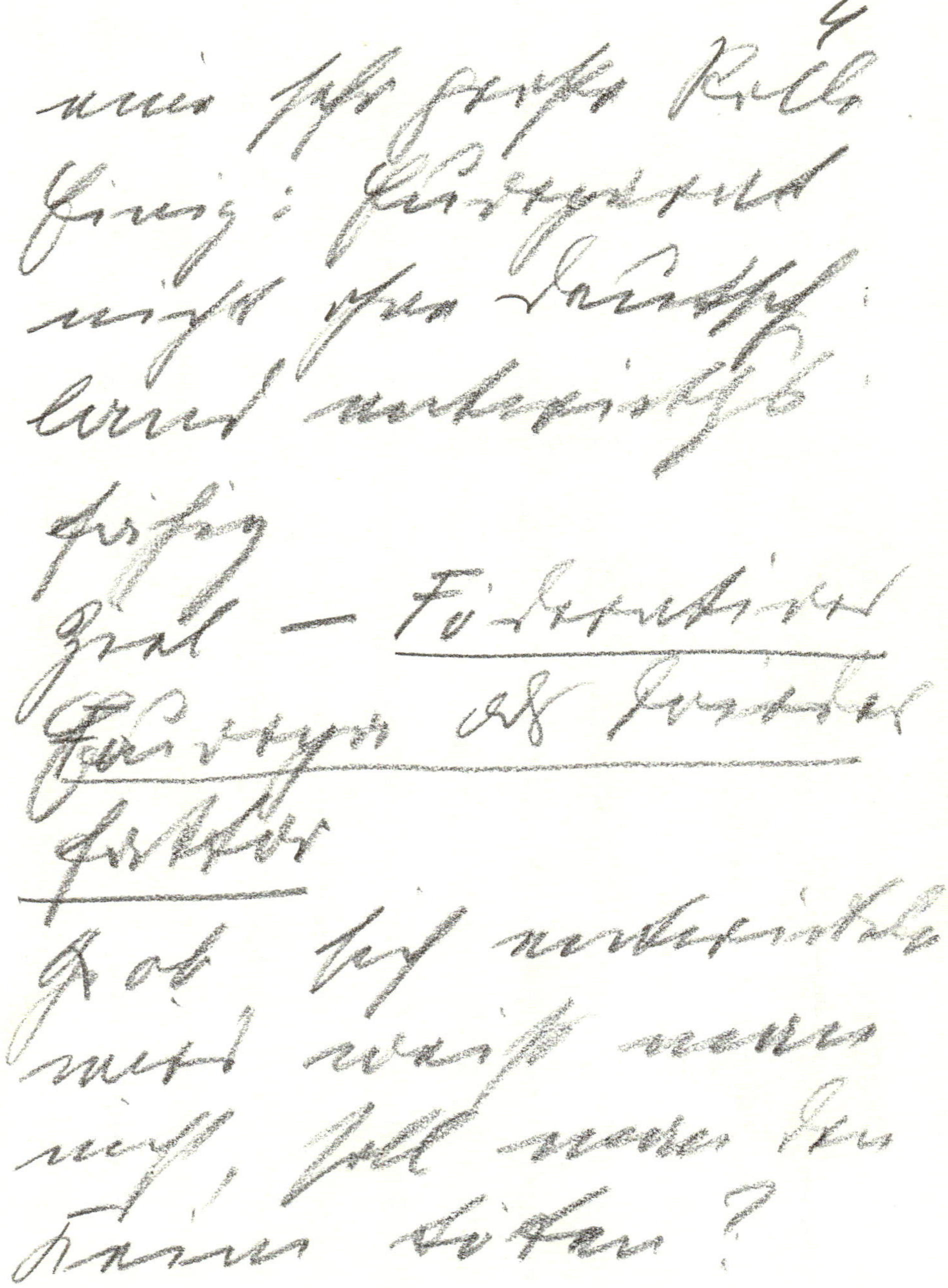

4

eine sehr große Rolle
Einig: Europarat
nicht ohne Deutsch-
land entwicklungs-
fähig
Ziel – Föderatives
Europa als Friedens-
faktor
Ob sich entwickeln
wird weiß man
nicht, soll man den
Keim töten?

un très grand rôle
D'accord : Conseil de l'Europe pas capable de se développer sans l'Allemagne
But – Europe fédérale en tant que facteur de paix
On ne sait pas si se développera, doit-on tuer l'embryon ?

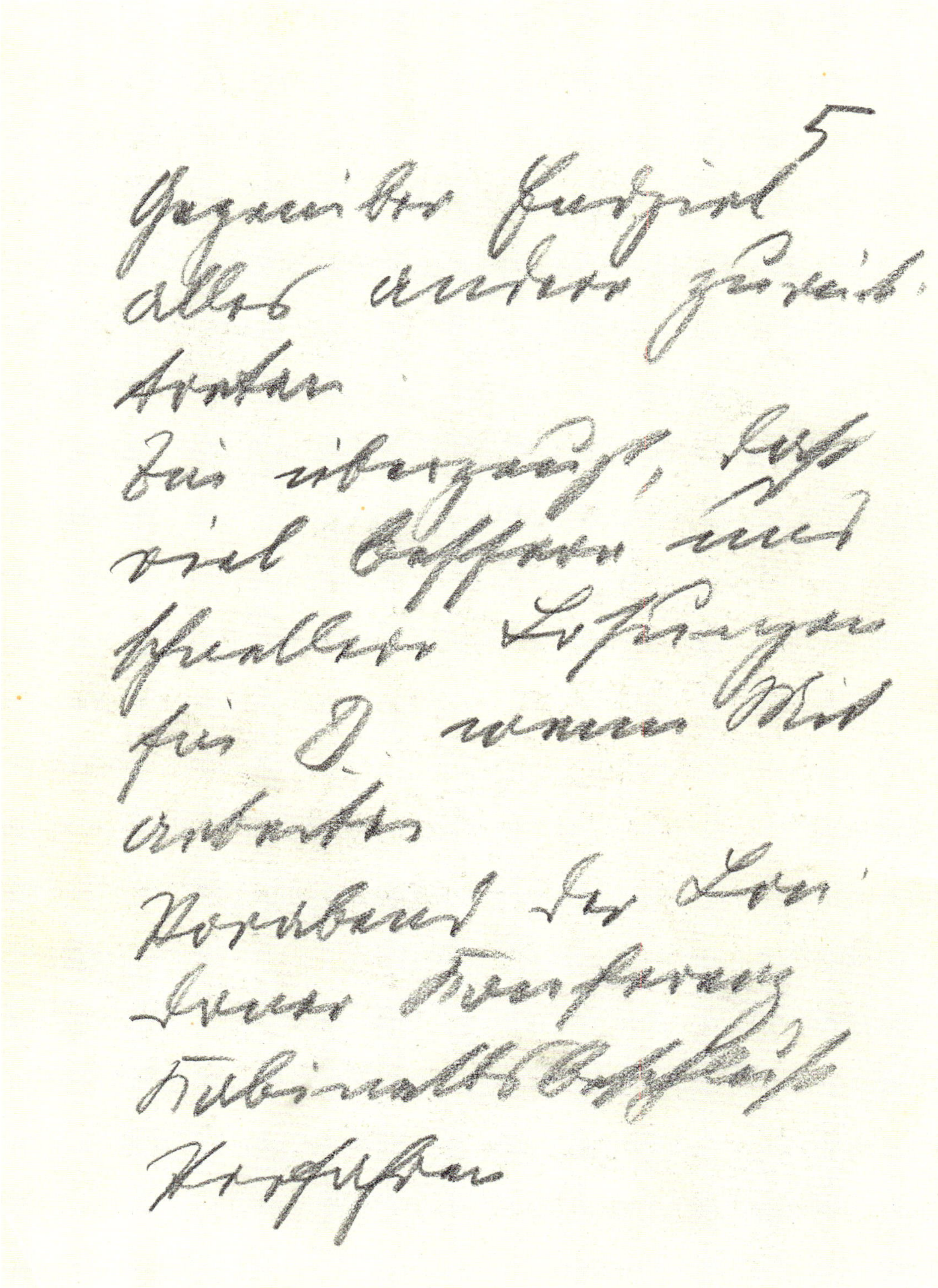
5
Gegenüber Endziel
alles andere zweitr.
[illegible]
Bin überzeugt, daß
viel bessere und
schnellere Lösungen
für D. wenn Mit-
arbeit
Vorabend der Lon-
doner Konferenz
Kabinettsbeschluß
Verfahren

Face but final tout le reste subordonné
Suis convaincu que des solutions bien meilleures et plus
rapides pour A[llemagne] si collaboration
Veille de la Conférence de Londres
Décision du cabinet
Procédure

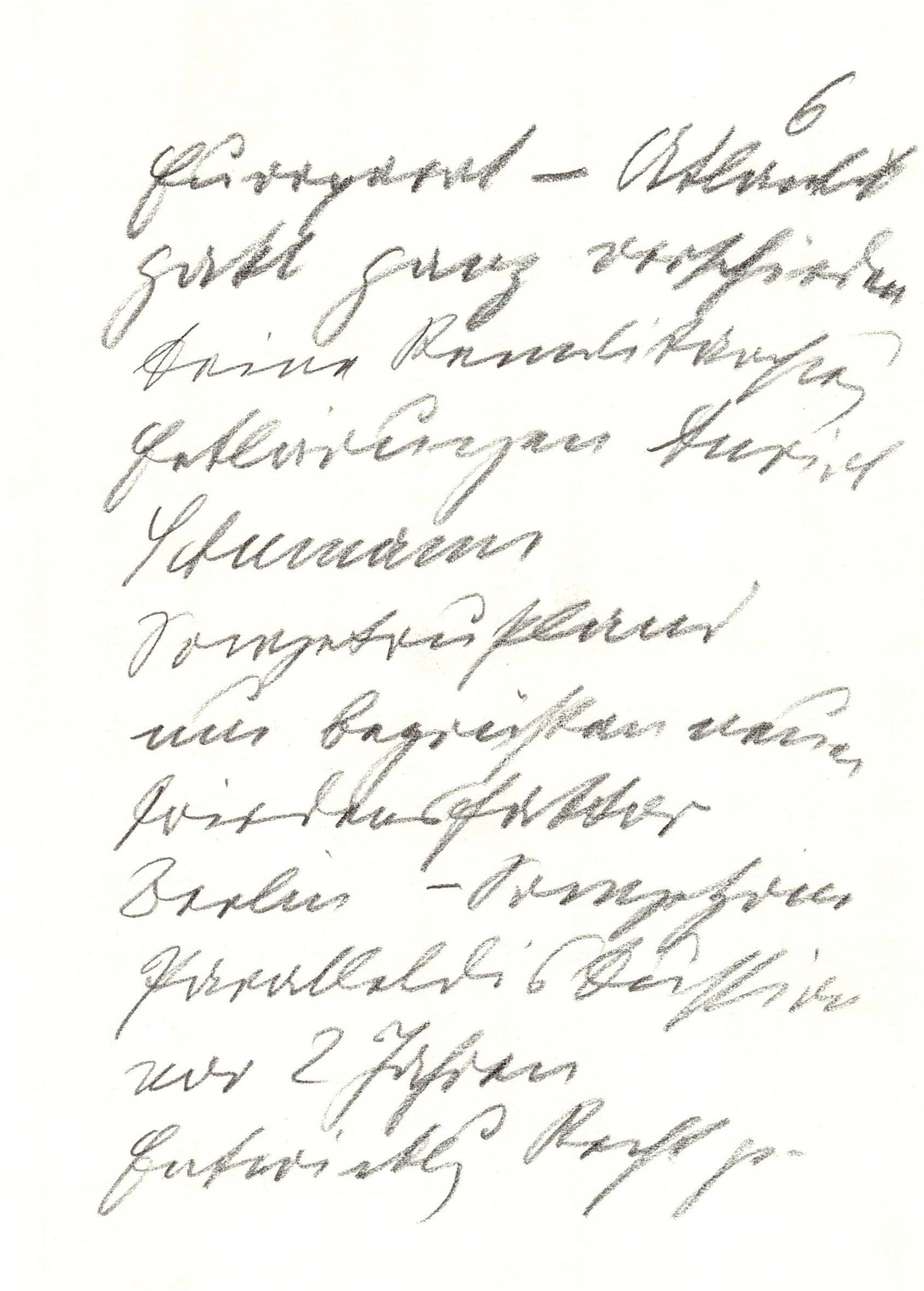

Conseil de l'Europe – Pacte atlantique totalement différents
Pas de remilitarisation
Déclarations Auriol Schuman
Russie soviétique
ne saluer que nouveau facteur de paix
Berlin – Zone soviétique
Discussion parallèle
il y a 2 ans
Evolution donné raison

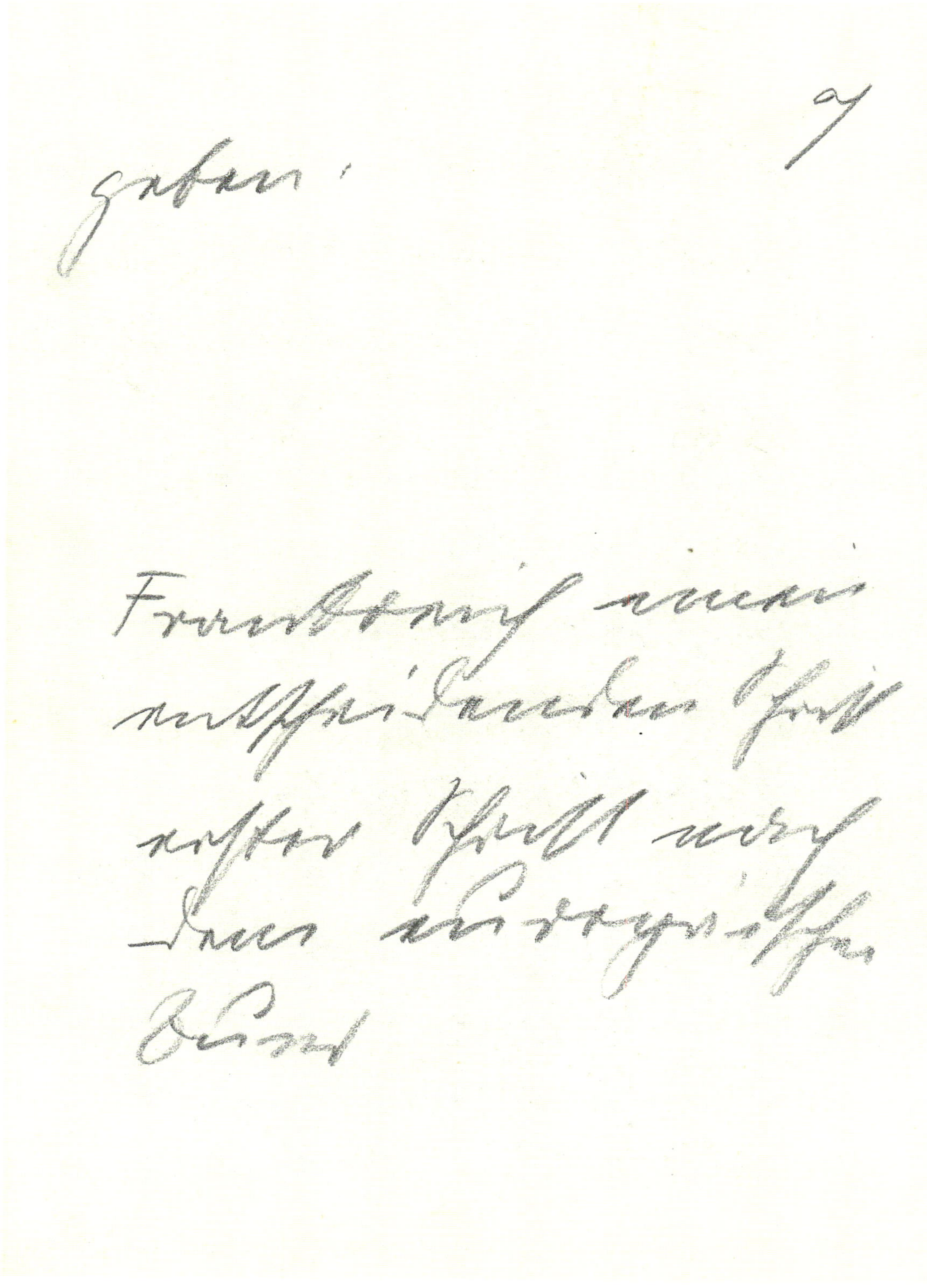
geben:

7

Frankreich einen
entscheidenden Schritt
ersten Schritt nach
dem europäischen
Bund

France un pas décisif
premier pas vers une fédération européenne

Extrait de la déclaration de Konrad Adenauer

« Et maintenant, Mesdames et Messieurs, j'en viens à la seconde partie de mon exposé, c'est-à-dire à la décision que le Conseil des Ministres français a prise ce matin.

» Je souhaite souligner avec toute la force nécessaire combien cette décision représente une initiative généreuse de la France et de son ministre des Affaires étrangères à l'égard de l'Allemagne et de l'Europe. Elle est sans aucun doute de la plus haute importance pour les relations entre l'Allemagne et la France et pour le développement de l'Europe dans son ensemble. Cette décision ne consiste pas en généralités, elle contient des propositions très précises en vue d'une intégration des productions de charbon, de fer et d'acier de la France et de l'Allemagne; elle spécifie expressément que tous les autres Etats peuvent adhérer à cet accord.

» J'aimerais insister particulièrement sur le fait que le principe de l'égalité est à la base de cette proposition. Dans le cas où les Allemands et les Français ne devraient pas tomber d'accord au sein de l'autorité prévue, la décision appartiendrait à un arbitre nommé par les deux parties.

» Il est impossible de trouver les mots qui expriment avec toute la force nécessaire le progrès capital que la proposition française introduit dans les relations entre la France et l'Allemagne.

» Permettez-moi de vous donner lecture du texte [...]. »

Konrad Adenauer lit la traduction allemande de la Déclaration de Robert Schuman qu'il interrompt à deux reprises pour donner de brefs commentaires.

« C'est un document très long, et il est impossible d'en saisir immédiatement toute la portée. Il s'agit d'une proposition concrète, qui ne contient pas seulement des généralités; il s'agit d'une proposition qui va loin. L'intégration de la production de base me paraît vraiment constituer la condition préalable capable de prévenir dans le futur tout conflit entre la France et l'Allemagne. Je poursuis moi-même cet objectif depuis plus de vingt-cinq ans.

» C'est en cela que je vois la très grande importance de cette décision du Gouvernement français. Notre cabinet n'a pas encore pu en délibérer parce que c'est seulement ce soir que la décision prise ce matin par le cabinet français a été communiquée au public. Je n'en ai reçu la communication officielle qu'il y a un peu plus d'une heure. Mais notre cabinet s'en saisira bientôt et je suis sûr qu'il ressortira des négociations proposées par le Gouvernement français un grand progrès pour l'avenir de nos deux pays et pour l'avenir de l'Europe. Je souhaite souligner la grande importance que revêt dans cette proposition la mention du continent africain. Elle offrira la possibilité d'ouvrir de nouveaux marchés où nous n'importunerons personne – en disant ‹ nous ›, je veux dire la France et l'Allemagne.

» Je me permets d'insister encore une fois sur ce que j'ai dit au début de mon exposé, à savoir que nous ignorions tout de la décision française lorsque nous avons adopté le texte de la proposition qui sera soumise au Bundestag. Ce qui signifie que ce n'est pas la proposition du Gouvernement français qui nous a incités à transmettre cette recommandation au Parlement. Si vous relisez ce document à tête reposée, vous verrez qu'à plusieurs reprises référence est faite à l'Europe à créer et à la fédération européenne et que, par conséquent, les deux décisions prises aujourd'hui, à Bonn et à Paris, sont intimement et organiquement liées. »

Le Plan Schuman

Un effort de persuasion à la mesure de l'enjeu

La proclamation publique de l'initiative française proposant à l'Allemagne de placer l'ensemble des industries de base française et allemande sous le contrôle d'une Haute Autorité commune, dotée de pouvoirs de décision et d'action délégués par les Etats participants, marque le début d'une nouvelle étape. La responsabilité de la poursuite de l'entreprise est et sera désormais l'affaire des gouvernements. La Déclaration de Robert Schuman et la conférence de presse du chancelier Adenauer ont suscité dans l'opinion publique un choc immense et des espoirs à la mesure de la peur inspirée par l'aggravation de la guerre froide et par la menace de l'éclatement d'un conflit entre les Grands.

Dès la proclamation du 9 mai, l'accord donné immédiatement par le chancelier fédéral d'Allemagne à la proposition française revêt pour les trois alliés occidentaux et pour l'Allemagne une portée politique considérable. Il s'agit en effet d'une initiative qui tend, à travers l'organisation de l'industrie de base européenne, à déclencher un processus original et révolutionnaire d'organisation du continent lui-même.

Les trois protagonistes principaux, Jean Monnet, Robert Schuman et leur premier allié, Konrad Adenauer, savent qu'ils ne disposent que d'un délai très court pour persuader d'autres partenaires de se joindre au noyau initial et transformer celui-ci en une communauté européenne originelle.

Jean Monnet et Robert Schuman restent au cœur de l'action qui s'est brusquement transformée et élargie. On va les voir faisant équipe dans une campagne intense d'explication, de clarification et de persuasion.

Jean Monnet sera amené à rencontrer des personnages européens avec qui, dans les années de lutte, il a échangé des vues sur l'Europe à reconstruire et à unir après la guerre. Ainsi Paul Henri Spaak qui va découvrir dans la Déclaration Schuman l'essentiel d'un projet qui avait été au cœur d'une discussion lors d'une rencontre en 1941 à Washington.

Chronologie des conversations et séances d'information

Vingt-trois jours séparent la Déclaration du 9 mai 1950 de la date du communiqué commun, le 3 juin, par lequel les gouvernements de la France, de l'Allemagne, de la Belgique, de l'Italie, du Luxembourg et des Pays-Bas expriment leur volonté d'élaborer un traité instituant la Communauté européenne du charbon et de l'acier. L'élaboration de ce communiqué commun illustrera l'issue négative de la décision britannique.

L'agenda de Jean Monnet souligne l'intensité des conversations qu'il a multipliées avec les Britanniques, du 14 au 19 mai, soit:

14 mai
chez Edwin Plowden, à la campagne

15 mai
Edwin Plowden, Smith

15 mai
Sir Stafford Cripps, Edwin Plowden

15 mai
Edwin Plowden, Roger Makins

16 mai
Edwin Plowden, Roger Makins, Alan Hitchman rejoints par Etienne Hirsch, Pierre Uri, Bernard Clappier

16 mai
Edwin Plowden, Geoffrey Crowther

17 mai
deux séances avec Edwin Plowden

19 mai
Edwin Plowden

Parallèlement, il s'agissait pour lui de conduire les séances d'information consacrées aux représentants des autres pays, soit:

16 mai, Londres
Benelux: Paul Van Zeeland, Dirk Stikker, Joseph Bech
Robert Schuman, Jean Monnet

23 mai, Bonn
Konrad Adenauer, Herbert Blankenhorn
Jean Monnet, Bernard Clappier, Armand Bérard

24 mai, Paris
Benelux: Jean Duvieusart, Dirk Stikker, Joseph Bech
Robert Schuman, Jean Monnet

25 mai, Paris
Italie: Pietro Quaroni
Jean Monnet

Le Royaume-Uni

En route pour la capitale britannique, où se tient à partir du 9 mai la Conférence des ministres des Affaires étrangères des Puissances alliées occidentales, le secrétaire d'Etat américain Dean Acheson a rencontré à Paris Robert Schuman, qui l'a mis dans la confidence. Il a d'abord cru à la renaissance d'un cartel géant du charbon et de l'acier. Sa stupeur s'est transformée en enthousiasme lorsque Jean Monnet lui a expliqué la nature d'un projet propre à faire enfin de l'Europe divisée et affaiblie cet ensemble uni et vivant dont le Plan Marshall avait postulé l'avènement.

Les circonstances ont ainsi voulu que Dean Acheson ait été informé avant son collègue britannique, Ernest Bevin.

On comprend d'autant mieux le choc que celui-ci a dû ressentir que non seulement il n'a pas été consulté préalablement, mais qu'il a le sentiment que quelque chose s'est passé à son insu. Or le Plan, dont il découvre le texte, contrevient à la vision qu'il a des objectifs de la politique étrangère du Royaume-Uni et à la réalité des accomplissements auxquels il a lui-même contribué.

Avec le Traité de l'Atlantique, le Royaume-Uni et ses alliés s'étaient assuré la participation effective des Etats-Unis à la défense de l'Europe. Avec celui de Bruxelles, on avait créé le début d'une défense européenne coordonnée. Du point de vue britannique, la création de l'OECE, à la suite de l'initiative Marshall, avait jeté les bases d'un système prometteur de coopération économique à l'échelle européenne. Cet ensemble avait l'avantage de n'affecter en rien, au contraire, les relations de Londres avec le Commonwealth et les liens particuliers du Royaume-Uni avec les Etats-Unis.

La teneur de la Déclaration du 9 mai ajoute à la perplexité du chef de la diplomatie britannique. D'une part, la France entreprend avec l'Allemagne, sur la base de la mise en commun d'autres intérêts économiques complémentaires, ce que Jean Monnet avait tenté d'initier une année auparavant avec le Royaume-Uni. Le problème que pose l'institution d'une Haute Autorité commune, cœur de l'initiative, est de même nature que celui qui a fait échouer les conversations exploratoires conduites au printemps 1949 par Jean Monnet, Etienne Hirsch et Pierre Uri avec Sir Edwin Plowden, Chief of the Planning Office, et Sir Robert Hall, représentant du Trésor.

Le dialogue entre Jean Monnet et Edwin Plowden, amis du temps de guerre, les avait amenés à aller alors au fond des choses.

Lors de la Conférence des ministres des Affaires étrangères de France,
de Grande-Bretagne et des Etats-Unis, le 11 mai 1950 à Lancaster House, à Londres
De gauche à droite: Dean Acheson, Ernest Bevin et Robert Schuman

Edwin Plowden se souvient...

«J'imagine qu'il y a fondamentalement une différence d'approche entre Monnet, qui à cette époque voulait faire un acte de foi et régler les détails ensuite, et les Anglais, qui sont beaucoup plus pragmatiques, qui veulent vraiment connaître les détails et ensuite tirer une conclusion. Mais je pense que la différence était beaucoup plus fondamentale. Nous étions très peu de temps après la guerre. Nous avions gagné la guerre. Nous étions toujours le centre d'un grand empire et nous avions des troupes partout dans le monde et, en plus, nous avions ces relations particulières avec les Etats-Unis, et enfin nous avions tous conscience du fait que nous avions fait deux guerres mondiales, et que dans les deux, nous avions été sauvés par l'intervention américaine. Nous étions aussi conscients que ces deux guerres n'auraient pas eu lieu si les Américains avaient été impliqués depuis le début. Il était donc essentiel pour la politique britannique de maintenir l'alliance avec les Etats-Unis, et de voir les Américains impliqués en Europe afin d'éviter une nouvelle guerre dans l'avenir. Ce qui fait que nous raisonnions d'une manière totalement différente des Français, qui eux pensaient en termes européens. Nous pensions que le fait d'être impliqués dans des relations bilatérales avec la France et peut-être de manière plus large avec les nations européennes détruirait notre position mondiale et plus particulièrement nos relations avec les Etats-Unis. [...]

»Je comprenais qu'il [Jean Monnet] voulait une plus grande intégration entre le Royaume-Uni et la France, une intégration économique, et je me souviens de ce qu'il m'a dit lorsqu'il est venu chez moi à la campagne avant ces conversations: ‹Vous savez, tous les pays en Europe, à l'exception des neutres, ont été vaincus dans la guerre, et tous les pays en Europe ont été occupés par une armée ennemie, et c'est pour cela que nous sommes prêts à changer nos institutions. Vous, en Grande-Bretagne, vous avez gagné une guerre et vous n'êtes pas vraiment prêts, mais vous y viendrez›.»

Extrait de l'interview de Lord Plowden par Alan Watson, pour l'émission «The Father of Europe», «A special film profile of Jean Monnet», préparé par The Money Programme, BBC 2, décembre 1971. Transcription, Fondation Jean Monnet pour l'Europe, Archives Jean Monnet, AMF 22/3/5 et AML 313/109.

Fort de son expérience, Jean Monnet était convaincu que le Royaume-Uni ferait dès lors ce qu'il faut pour prévenir la réalisation du Plan s'il participait à sa négociation sans avoir d'abord reconnu son principe, le transfert de souveraineté dans le domaine embrassé. Il était aussi persuadé que si l'entreprise prenait corps, le pragmatisme des Britanniques les amènerait à rejoindre ses fondateurs.

Mais les Britanniques confrontés à ce défi pensent qu'ils disposent encore d'une carte majeure, celle de la solidarité qui lie le Royaume-Uni et les Etats-Unis à travers les liens spéciaux.

Il est en effet clair pour eux, que l'initiative franco-allemande n'aura pas de lendemain si elle ne bénéficie pas de l'appui déclaré des Etats-Unis. Ils n'envisagent pas qu'après avoir inspiré et contrôlé le cours du rapprochement européen jusqu'en 1950 avec la bénédiction de leur allié d'outre-Atlantique, ils puissent perdre ce «leadership» en choisissant de répondre négativement à l'initiative continentale. Aussi bien leur surprise est-elle grande lorsqu'ils constatent que les Etats-Unis, nonobstant l'opposition de leur allié, approuvent et soutiennent l'initiative continentale.

Il était inconcevable pour eux qu'un tel changement ait pu être le fait de l'influence d'une seule personne. Sur ce point le témoignage de George Ball, sous-secrétaire d'Etat américain, est particulièrement instructif. A la question de savoir pourquoi les Britanniques n'ont pas su mesurer l'influence de Monnet sur les dirigeants américains, il répond:

« Dans une certaine mesure, à cause des liens spéciaux, ils pensaient qu'ils avaient une forme d'accès privilégié. Ils avaient des amitiés solides aux Etats-Unis et ils ne pouvaient réellement pas concevoir qu'un étranger, un Français, puisse exercer le type d'influence que Jean a exercée. Et ceci, même si Jean avait travaillé pour le Gouvernement britannique, après la chute de la France, dans le ‹British Supply Council›. Jean se sentait très proche des Britanniques. Il les aimait beaucoup et il les admirait. Ceci n'a peut-être pas été complètement compris, mais en fait c'était bien le cas. Et il a toujours eu le sentiment qu'à un certain moment, les Britanniques s'associeraient au projet mais qu'il ne devait pas commencer quoi que ce soit avec eux. Il pensait qu'il devait mettre quelque chose en mouvement, créer une sorte de fait politique – et qu'une fois que ceci serait fait, les Britanniques se joindraient à l'entreprise. »

Michael Charlton: *The Price of Victory*, British Broadcasting Corporation, Londres, 1983, pp. 104-105.

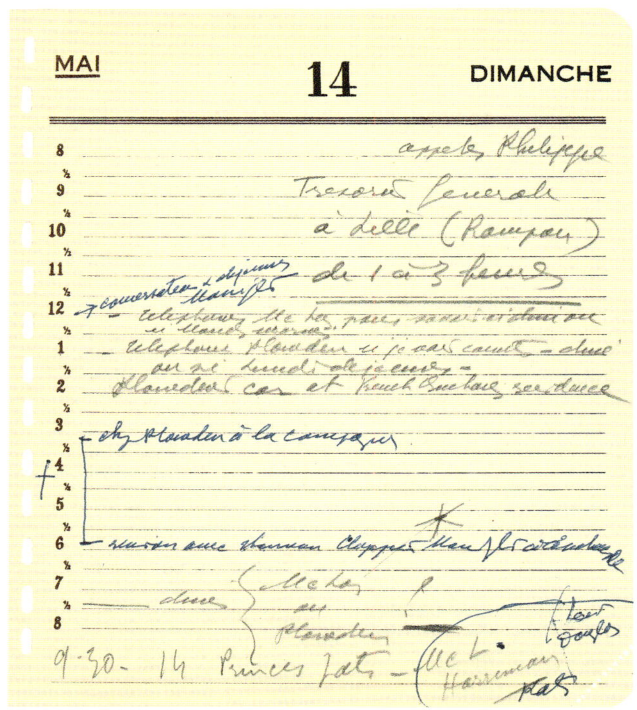

L'agenda de Jean Monnet illustre le dialogue intense conduit en compagnie de Robert Schuman avec les Britanniques.

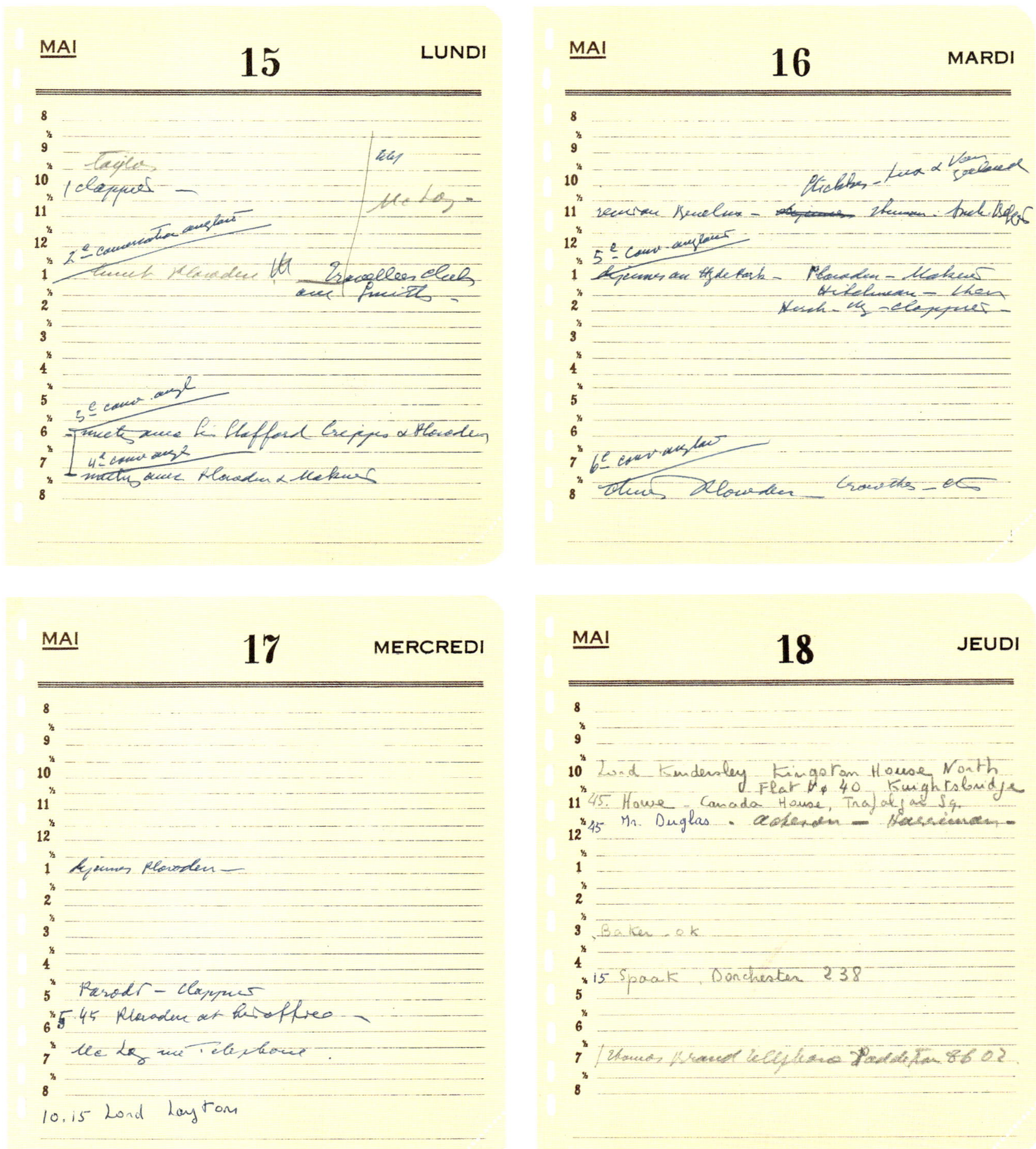
MAI 15 LUNDI
1ᵉ clappier
2ᵉ conversation anglaise
Travellers club avec Smith
5ᵉ conv. angl.
4ᵉ conv. angl.
MAI 16 MARDI
5ᵉ conv. anglaise
6ᵉ conv. anglaise
MAI 17 MERCREDI
Parodi – Clappier
Mc Cloy me telephone.
10.15 Lord Layton
MAI 18 JEUDI
Lord Kindersley Kingston House North Flat No 40 Knightsbridge
45 Howe – Canada House, Trafalgar Sq.
45 Mr. Duglas
Baker ok
15 Spaak, Dorchester 238

Jean Monnet écrit...

« Dès mon arrivée à Londres, accompagné de Hirsch et d'Uri, je me mis comme à mon habitude en rapport avec mes vieux amis. Ce ne sont pas tous des personnages du devant de la scène, mais aussi bien que ceux que je vais voir à New York et dont j'ai parlé plus haut, hommes d'affaires, juristes ou journalistes, il est certain que là où s'exerce leur action ils peuvent et doivent voir le fond des choses: la mesure de leur succès est celle de leur lucidité. Ces amis savent ce que j'ai besoin de savoir et une conversation avec eux me suffit – ensuite, je peux aborder mes interlocuteurs politiques. Lord Brand, Kindersley, Salter, Geoffrey Crowther, directeur de l'*Economist,* sont de ceux-là. Ce dernier était favorable à une participation anglaise à la Haute Autorité, mais il ne me cacha pas la difficulté du combat qu'il allait mener à travers son journal. L'Angleterre n'avait pas été vaincue, elle n'avait pas connu l'invasion. Elle ne se sentait pas obligée d'exorciser l'Histoire. Son destin impérial n'était pas achevé, son expérience du bien-être général commençait à peine. Churchill disait: ‹ Nous devons être aux côtés de la France ›, mais il ajoutait: ‹ Nous devons veiller aussi à ce que cela n'entraîne pas chez nous la baisse des salaires, des niveaux d'existence et des conditions de travail. › M. Attlee ne pouvait pas dire moins. Plowden, qui était mon interlocuteur désigné, m'en demanda davantage: comment serait constituée la Haute Autorité, de quelle nature seront ses interventions, quelles seront les garanties contre son arbitraire, aura-t-elle seule le pouvoir de fermer des entreprises, comment assurera-t-elle le plein emploi?

» Il était clair que les Anglais ne voulaient pas s'engager sur des principes ni sur une méthode de négociation sans connaître à l'avance toutes les conséquences pratiques de ces principes, qui dans notre esprit seraient l'objet même et le résultat de la négociation. Assurément, avec Hirsch et Uri, nous pouvions donner des réponses et même recueillir des suggestions. Mais le Gouvernement anglais ne se sentirait rassuré que s'il obtenait *a piece of paper,* un écrit quelconque. Je promis à Plowden que nous lui écririons dès notre retour à Paris, ce que nous fîmes. Cet exercice nous fut utile et nous amena à préciser quelques idées, notamment sur le contrôle parlementaire de la Haute Autorité. Mais il apparut vite que cette voie n'était pas la bonne et que nous n'éviterions pas le problème de fond qu'Attlee rappela aux Communes: ‹ Ces discussions officieuses avec M. Monnet montrent clairement que si le Gouvernement français n'a pas étudié dans le détail comment les propositions seraient mises en pratique, il a des vues très précises sur la procédure des négociations. › Et il était bien vrai que, dans cette circonstance, nous étions plus pragmatiques que les Anglais, car nous offrions une base de discussion et une méthode pour discuter. Leur embarras était visible. Plowden avait eu l'idée de réunir à dîner avec moi les secrétaires généraux des ministères. A la fin de la soirée, l'un d'eux soupira: ‹ Bienheureux étaient nos pères, car ils savaient que faire en toutes circonstances. › La nostalgie anglaise s'était exprimée là. Rejoignant Schuman et Massigli après ce dîner, je leur dis: ‹ Les Anglais ne trouveront pas seuls la ligne de leur destin. Le changement leur viendra de l'extérieur. ›

» Mieux valait parler net. Sir Stafford Cripps me pria de passer à son bureau avant que je ne quittasse Londres. ‹ Vous engageriez-vous avec l'Allemagne sans nous? me demanda-t-il. – Mon cher ami, lui répondis-je, vous connaissez mes sentiments envers l'Angleterre depuis plus de trente ans et vous ne pouvez pas les mettre en doute. Je souhaite de tout cœur que vous vous engagiez dans l'entreprise au départ. Mais si ce n'était pas le cas, nous irions de l'avant sans vous, et je suis convaincu que, réalistes comme vous l'êtes, vous vous ajusterez aux faits lorsque vous constaterez que nous avons réussi.› Au même moment, Schuman tenait une conférence de presse: ‹Combien faudrait-il de pays pour réaliser le Plan? lui demanda-t-on. – Nous poursuivrons la négociation à deux, s'il le faut.› Cette détermination n'eût pas dû laisser de doute aux Anglais, si Schuman n'avait pas ajouté: ‹S'il n'y a pas de participation à cent pour cent, il peut y avoir une association compatible avec les structures et les conceptions économiques anglaises.› Cette ouverture était imprudente, car l'expérience m'a prouvé qu'il n'est pas bon que les Anglais obtiennent des conditions particulières et une situation spéciale dans leurs rapports avec les autres, ni même qu'ils puissent espérer en bénéficier. En revanche, vous pouvez beaucoup attendre d'eux si vous leur offrez résolument de coopérer en position d'égalité. Si votre résolution est constante, les chances sont grandes qu'ils s'y adaptent tôt ou tard et qu'ils deviennent des partenaires, au sens plein du terme.»

Jean Monnet: *Mémoires, op. cit.*, pp. 362-364.

Dans le débat que les Communes consacreront au Plan Schuman, Winston Churchill critique le Gouvernement d'avoir refusé l'invitation de la France à participer à la Conférence de négociation du Traité. Quant à Edward Heath, qui prononce là son *maiden speech*, il estime que le Royaume-Uni doit prendre part à ce projet de création d'une communauté européenne. Il prend date pour l'avenir.

Ayant clarifié leur attitude et déterminé la voie à suivre avec le Royaume-Uni, Jean Monnet et Robert Schuman abordent avec confiance, dès lors que l'Allemagne va donner son accord à la proposition française, les conversations qu'ils engagent avec les responsables du Benelux et de l'Italie.

La Belgique, les Pays-Bas, le Luxembourg

Etienne Hirsch et Paul Reuter ont gardé le souvenir d'un épisode intéressant, le premier, dans la naissance de l'idée de l'étape initiale de l'Europe communautaire, le second, dans la naissance de son projet originel. Sept années séparent ces deux moments: Alger, 5 août 1943, et Paris, 12 avril 1950. A chaque fois, il s'est agi pour Jean Monnet de détacher les gisements complémentaires du charbon et du minerai de fer de l'Allemagne et de la France qui avaient servi d'enjeux et de forges d'armes dans leurs guerres successives pour en faire, sous la forme d'une sorte de Lotharingie industrielle, la première étape de leur réconciliation et de leur union. Si les interlocuteurs avaient réussi à dissuader Jean Monnet de retirer la source de cette puissance aux nations qui la détiennent, l'idée de les amener à transformer celle-ci en une force de paix et de développement avait persisté. De fait, le rôle que Jean Monnet a joué dans l'organisation de l'effort économique et industriel des Alliés dans deux guerres mondiales lui a permis de juger de l'influence qu'ont eue ces régions vouées à la production de l'acier et des armes dans la tragédie des conflits franco-allemands. En outre, il s'était intéressé aux risques d'hégémonie industrielle allemande auxquels l'issue victorieuse de la guerre franco-prussienne de 1870-1871 avait ouvert la voie. Ce risque d'hégémonie allait trouver dans la réussite de l'intégration à distance des bassins complémentaires Ruhr-Sarre-Lorraine-Luxembourg, dans le lien naturel entre le port de Rotterdam et la Ruhr, dans le dynamisme du Zollverein et de l'équipement militaire sur terre et sur mer de l'empire wilhelmien, une concrétisation rapide et vigoureuse. L'avance développée sur les voisins et l'atteinte ainsi portée au vieil équilibre européen avaient créé des conditions propices au déclenchement de la Première Guerre mondiale.

Jean Monnet a eu à nouveau dans la Seconde Guerre mondiale une vision suffisamment claire et impressionnante du potentiel de destruction développé par l'Allemagne, notamment dans l'organisation des ressources de la Ruhr, pour l'amener à chercher dans le *Victory Program,* avant même que les Etats-Unis ne soient entrés en guerre, le contrepoids de l'organisation des ressources humaines et matérielles de l'Amérique du Nord.

Au confluent de la France, de l'Allemagne et du Royaume-Uni, l'espace formé par la Belgique, le Luxembourg et les Pays-Bas a naturellement constitué un champ prédestiné au déploiement des guerres hégémoniques en Europe. En outre, à l'époque où le Royaume-Uni constituait un stabilisateur de puissance entre le continent et l'outre-mer pour la sauvegarde du vieil équilibre européen, il avait trouvé, particulièrement aux Pays-Bas, un point d'appui pour sa stratégie continentale de *balance of power.* Dans l'entre-deux-guerres, la tentative d'Emile Mayrisch, maître de forges luxembourgeois, de rapprocher à Colpach les élites franco-allemandes et d'harmoniser au plan européen par l'Entente internationale de l'acier la concurrence entre les sidérurgies nationales, témoigne de la préoccupation des pays de bordure de prévenir les crises. Mais Mayrisch a justement souligné que les ententes ne peuvent tout au plus que faciliter des armistices précaires. Durant la dernière guerre, cette préoccupation inspirera aux gouvernements des trois pays en exil à Londres, représentés notamment par Paul Henri Spaak, Johan Willem Beyen et Joseph Bech, l'idée d'unir leurs forces dans le Benelux afin d'accroître leur influence pacifique dans l'Europe d'après-guerre.

On imagine dès lors ce qu'ont pu ressentir les responsables et les populations de ces pays à la nouvelle de la proposition française de chercher dans une union des industries de base franco-allemandes ouverte aux autres pays européens le moyen de neutraliser enfin une des causes des affrontements entre ces deux nations et de maîtriser l'épicentre des guerres européennes.

Etienne Hirsch raconte que Paul Henri Spaak, prenant connaissance à Londres de la Déclaration, se contenta de dire, tout ému, après l'avoir lue attentivement: «Je voudrais l'avoir écrite.»

C'est à Londres encore que Max Kohnstamm, haut fonctionnaire du Ministère des affaires étrangères des Pays-Bas en charge à La Haye du dossier de l'Allemagne, prend connaissance de la Déclaration de Robert Schuman. Celle-ci constitue une réponse tellement forte à son attente, qu'il se souvient en avoir été «comme foudroyé». Avec ses amis, il ne cesse de tourner et de retourner le problème de l'avenir de la Hollande et de l'Allemagne. Il était clair qu'on ne pourrait pas reconstruire l'économie des Pays-Bas en laissant l'Allemagne dans une situation désastreuse. Mais, en même temps, quel sens y avait-il de permettre à l'Allemagne de renaître si c'était pour que la Ruhr puisse à nouveau fabriquer des bombes pour détruire encore Rotterdam?

Pour le grand-duché de Luxembourg, le retournement d'histoire signifié par la Déclaration du 9 mai a été une question de vie ou de mort. C'est ce que Joseph Bech avait anticipé, lorsque, le 3 juin 1942, il avait, devant le comité des Affaires étrangères de la Chambre des Représentants des Etats-Unis, prononcé à Washington un discours prophétique. Il avait dit notamment deux choses: «L'avenir de l'Europe dépend de sa volonté d'organiser une union de nations dans laquelle chacune doit être d'accord de sacrifier une partie de son indépendance économique, politique et militaire pour le bien de la communauté dans son ensemble. [...] Mais il y a un autre fait, un fait capital, qui ne peut avoir qu'une grande influence sur la coopération des nations d'Europe. C'est l'Allemagne. Et l'Allemagne ne peut pas être exclue de la communauté européenne.»

«Address of His Excellency, Joseph Bech, Minister of Foreign Affairs of Luxembourg, Before the Committee on Foreign Affairs, House of Representatives, Wednesday, June 3, 1942.» United States Government Printing Office, Washington, 1942, pp. 6 et 7.

Enfin, il convient de se souvenir de l'attention que Jean Monnet a portée au rapport que la Division de l'acier de la Commission économique pour l'Europe de l'Organisation des Nations Unies, à Genève, a publié à la fin de 1949 sur le risque d'une crise majeure des marchés de l'acier. Cet intérêt s'était étendu à deux des principaux auteurs, le Luxembourgeois Tony Rollman et le Belge Philippe de Selliers de Moranville, ainsi qu'aux propositions d'action concrète préventive et d'organisation au plan européen des industries de base du charbon et de l'acier que son compagnon du temps de guerre, à Londres et à Alger, André Philip, avait tirées de cette recherche.

«Les origines du Plan Schuman. Témoignage de Tony Rollman», in *Une mémoire vivante, op. cit.*, pp. 73-81.

Sans doute, les responsables politiques de la Belgique, des Pays-Bas et du Luxembourg, pays au sein desquels les industries de base jouent un rôle important, éprouvent-ils, à l'exemple de leurs collègues britanniques, quelque peine à s'engager

Paul Van Zeeland

Dirk Stikker

Joseph Bech

dans un accord de négociation sur la seule base des principes. Ceci vaut particulièrement pour les Néerlandais, traditionnellement proches des Britanniques.

Leur position géographique et historique et leur interdépendance économique à l'endroit de l'Allemagne et de la France vont les amener à passer outre d'autant plus aisément qu'ils sont bien placés pour mesurer la signification pour l'ensemble du continent, et pour eux, d'une entreprise commune d'aussi grande envergure, liant concrètement dans un même souffle l'organisation de l'Europe et de la Paix.

De surcroît, les hommes d'Etat de ces petits pays savent que ceux-ci pèseront davantage dans une organisation communautaire du continent appliquant le principe de l'égalité de tous devant la loi commune que dans un système fondé sur la simple coopération interétatique.

L'Italie

Carlo Sforza

Pour aborder le Plan Schuman, l'Italie dispose dans les personnes du président du Conseil, Alcide De Gasperi, et du ministre des Affaires étrangères, Carlo Sforza, d'hommes d'Etat à la fois visionnaires et expérimentés et de diplomates d'envergure, dont notamment Paolo Emilio Taviani et Pietro Quaroni.

La réponse positive du Gouvernement italien est immédiate et claire. Dès le 10 mai, le comte Sforza déclare :

« Je félicite M. Schuman pour son audacieuse initiative et M. Adenauer pour sa réponse si compréhensive.

» Il s'agit d'un geste qui peut un jour acquérir une valeur historique ; cela dépendra surtout de deux éléments :

» 1. que l'accord franco-allemand soit poussé loyalement jusqu'à ses nécessaires conséquences, c'est-à-dire, même jusqu'à la renonciation d'une partie des deux souverainetés nationales ;

» 2. que l'adhésion de la plus grande partie des pays européens et celle de l'Italie soient assurées.

» Quant à l'Italie, elle est prête à donner de suite son adhésion et toute sa collaboration à la création soit de cette formation économique, soit de l'organisation qui va en résulter, ce qui, d'ailleurs, ne manquera pas de réveiller, en France comme en Italie, l'intérêt des opinions publiques au développement le plus rapide possible de l'union douanière.

» A ces conditions, l'initiative de M. Schuman peut vraiment devenir historique, riche de conséquences heureuses pour les peuples qui, pardessus tout, tiennent à la Paix. »

Ce jour-là l'Europe est née, op. cit., p. 38.

Paolo Emilio Taviani se souvient…

« Moins de vingt-quatre heures après le début de la conférence de presse de Robert Schuman, le ministre des Affaires étrangères d'Italie, Carlo Sforza, annonçait l'adhésion ‹de principe› de l'Italie au projet d'unir les industries clés du charbon et de l'acier dans une organisation européenne. C'est ainsi que, peu de temps après, lors d'un discours tenu à Nantes, Schuman put remercier ‹l'Italie amie› qui, la première, avait saisi la portée de son initiative.

» Je peux témoigner de l'extrême rapidité avec laquelle fut menée cette affaire. Sforza téléphona à De Gasperi, qui consulta lui-même immédiatement certains ministres, en particulier les leaders des partis républicain, libéral et social-démocrate. De Gasperi, comme on le sait, était le représentant le plus important de la Démocratie chrétienne. Les quatre partis gouvernementaux se révélèrent donc tout de suite totalement favorables, et Sforza put ainsi annoncer au Gouvernement français que son pays marcherait du même pas que lui.

» L'opinion publique italienne, elle aussi, accueillit l'initiative avec un enthousiasme dont la raison profonde se trouvait dans la conviction populaire – mûrie durant la Résistance et l'immédiat après-guerre – que désormais un Etat considéré au sens strict d'Etat-nation n'était plus en mesure d'assumer seul les rapports avec le monde international. De nombreux chefs de la Résistance – surtout au sein du Parti d'action et de la Démocratie chrétienne (et entre autres l'auteur de ces lignes) – avaient lancé l'idée d'un concept de communauté étatique beaucoup plus vaste, débouchant en particulier sur la fédération européenne.

» Dans les partis et dans l'opinion publique, une notion allait s'imposer immédiatement: le Plan Schuman, tout en affrontant et en résolvant des problèmes économiques séculaires et malgré tout actuels, avait une signification bien précise et un objectif politique bien déterminé. »

Paolo Emilio Taviani: « L'adhésion de l'Italie à la proposition de Schuman et Monnet », in *Témoignages à la mémoire de Jean Monnet*, Fondation Jean Monnet pour l'Europe et Centre de recherches européennes, Lausanne, 9 novembre 1989, p. 515.

L'engagement de l'Italie dans la mise en œuvre du projet souligne sa portée politique. Il montre qu'il ne s'agit pas de la création d'un ensemble constitué par les intérêts sidérurgiques et charbonniers de l'Europe rhénane et nordique mais d'une communauté européenne unissant deux des grandes composantes de l'Europe de toujours, la Méditerranée et le sillon rhénan et le Nord du continent.

Si tel est l'apport italien, il trouvera sa contrepartie au niveau de la Communauté dans le défi qui consistera pour les uns et pour les autres à élever la composante italienne au niveau de ses partenaires rhénans et nordiques.

Exposé de Jean Monnet devant le Conseil de la Haute-Commission alliée, Petersberg, 23 mai 1950

Rien ne résume mieux l'argumentation que Jean Monnet a été appelé à développer au fil des séances d'information organisées avec les pays intéressés que l'exposé qu'il présente devant le Conseil de la Haute-Commission alliée, le 23 mai 1950, au Petersberg.

HAUT-COMMISSARIAT
DE LA RÉPUBLIQUE FRANÇAISE
EN ALLEMAGNE

Direction Générale
des Affaires Politiques

Godesberg LE 24 Mai 1950

LG/mp

EXPOSE DE M. MONNET

devant le Conseil de la Haute-Commission Alliée
Petersberg, 23 Mai 1950.

M. Mac Cloy, Haut-Commissaire Américain, Président en exercice, souhaite la bienvenue à M. Monnet et déclare que le Conseil attend avec un intérêt tout particulier les commentaires de M. Monnet sur les propositions du gouvernement français en date du 9 Mai dernier ; celles-ci ont suscité des espoirs dans le monde entier, et notamment en Allemagne ; leur caractère de nouveauté, la générosité et la simplicité de leur conception, ont impressionné l'opinion ; M. Mac Cloy croit, quant à lui, que, mis à part le plan Marshall, aucune proposition plus importante n'a été faite depuis la guerre.

M. Monnet expose les origines et l'économie générale de la proposition Schuman.

1/ Origines du Plan Schuman

Depuis plusieurs mois, M. Bidault, M. Schuman et la plupart des membres du gouvernement français se préoccupaient de voir les efforts poursuivis en vue de l'unification de l'Europe se perdre dans des conférences et des discussions stériles, à l'O.E.C.E., à Strasbourg ou ailleurs, dont sortaient peu de réalisations. Il leur a paru que si cela durait, l'opinion en Europe et dans le

....

monde entier risquait de se laisser aller à une déception profonde, et l'occasion d'un rapprochement des peuples européens serait peut-être définitivement perdue.

M. Schuman a estimé qu'il était essentiel de faire comprendre aux gouvernements et à l'opinion que l'unification de l'Europe pouvait profiter à la communauté et qu'elle ne se réaliserait, malgré tous les obstacles qui s'y opposent, que si les peuples y étaient poussés par la perspective d'un bien commun à en attendre. Les constructions abstraites ne parlent pas à l'opinion, mais la notion d'un bien commun, d'un bien concret, peut être comprise directement par le public. L'accueil reçu par la proposition de M. Schuman l'a montré : l'opinion ne s'est pas posé de questions sur les obstacles qui s'opposent à la réalisation de ce projet. Elle a deviné la portée pratique immédiate qu'il peut avoir et elle lui a apporté son appui avec enthousiasme.

En vérité, la nécessité d'une réorganisation des industries de base s'impose à tous les Etats d'Europe, et tous se trouvent, à cet égard, devant des difficultés analogues. Or, les moyens nationaux, qui ont pu suffire à l'époque où les problèmes étaient à l'échelle nationale, ne suffisent plus aujourd'hui ; de nouvelles méthodes sont nécessaires : pour traiter des problèmes communs, il faut une autorité commune.

C'est à dessein que la proposition de M. Schuman ne décrit pas dans le détail la Haute-Autorité. La proposition de M. Schuman pose le principe que celle-ci doit exister et qu'elle doit avoir des pouvoirs tels que ses décisions s'imposent aux gouvernements. Sur la manière dont elle pourra être constituée, dont elle pourra fonctionner, le gouvernement français souhaite que, lors des négociations du traité, chacun des participants apporte ses idées. Lorsqu'on essaie de fondre les souverainetés

LETTRE N°......................

Suite 3..........................

nationales dans une souveraineté fédérale, l'on se heurte à la diversité des traditions, des besoins, des conditions politiques et économiques qui existe entre les Etats de l'Europe occidentale : notre force est la diversité ; nous ne pouvons pas être les champions de l'individualisme et vouloir en même temps fondre les individualismes nationaux dans un bloc monolithique : appliquée à des pays aussi évolués et aussi diversifiés, l'idée fédérale s'avère fausse.

En revanche, si l'on prend conscience des intérêts communs qui existent entre les Etats sur des points concrets, l'on peut et l'on doit, pour ces intérêts communs, trouver des solutions communes. Appliquée à des domaines-clés de la vie des nations, une telle méthode doit entraîner un rapprochement dans tous les autres domaines.

<u>Analyse du plan</u>

Une chose doit être soulignée : c'est la sincérité des propositions de M. Schuman. Tout le plan est dans la déclaration du Ministre des Affaires Etrangères ; le gouvernement français n'a aucune arrière-pensée et il ne garde aucune formule supplémentaire en réserve.

Dès que des gouvernements auraient fait savoir qu'ils acceptent les principes exposés dans la déclaration du 9 Mai, ils pourraient être invités par la France à envoyer des représentants à une Conférence destinée à élaborer un Traité engageant les Etats et qui devrait être approuvé par les Parlements et ratifié par les Gouvernements. Ce Traité pourrait être un document très simple, son but essentiel étant de délimiter les tâches que les gouvernements confieraient à la Haute-Autorité et les pouvoirs dont celle-ci disposerait. Ce ne serait donc pas un document technique : on peut presque dire que l'essentiel de ses dispositions est déjà inclus dans la déclaration de M. Schuman.

Imprimerie Nationale 441 - J. 901 - 49 Da

L'Autorité recevrait un mandat précis et spécifique, en vue de la réalisation d'un bien commun ; ses décisions s'imposeraient aux gouvernements, à qui il incomberait de les faire appliquer, chacun par les moyens qui lui conviendraient. Des voies de recours contre les décisions de l'Autorité devraient être prévues. Les rédacteurs de la proposition française avaient songé pour cela à la Cour de La Haye, mais ils ont douté que cette Cour, organe essentiellement judiciaire, soit qualifiée pour une telle tâche.

Ainsi, la négociation proposée par le gouvernement français n'est nullement une négociation d'experts : c'est après, lorsque le traité aura été signé, lorsque les gouvernements et les parlements se seront déclarés d'accord pour réaliser une certaine tâche, qu'il appartiendra aux techniciens de trouver les moyens d'atteindre le but fixé : à eux l'exécution.

Si le gouvernement français a proposé de confier à la Haute Autorité le soin de contrôler les ressources de charbon et d'acier, c'est non seulement en raison de l'importance économique de ces deux produits, mais aussi parce que, à ces ressources s'attache un intérêt politique : le charbon et l'acier de l'Europe occidentale, le charbon de la Ruhr et l'acier de Lorraine notamment, sont liés dans l'opinion à la notion de sécurité ; toute proposition qui tend à empêcher que ces ressources puissent être utilisées pour la guerre est sûre de trouver un large appui auprès de l'opinion. Et c'est ce qui s'est produit : les commentateurs ont immédiatement souligné que la réalisation du plan de M. Schuman rendrait une guerre à tout jamais impossible entre les pays d'Europe occidentale.

Mais ces deux produits jouent en même temps un rôle tel dans l'économie de nos pays qu'une mise en commun des ressources de charbon et d'acier de plusieurs pays doit nécessairement aboutir à une

....

harmonisation plus ou moins étendue de leurs économies respectives. L'exemple de la France est, à cet égard, significatif : le plan élaboré par M. Monnet pour la modernisation de l'outillage français touchait essentiellement la production du charbon et la production d'acier ; sa mise en oeuvre a entraîné des transformations dans presque tous les autres domaines de l'économie française. Un exemple encore plus frappant peut être donné : depuis quelques mois, un projet de loi était en instance devant le Parlement italien en vue de la construction, dans le nord de l'Italie, de grandes aciéries, qui auraient coûté des milliards de lires, mais qui auraient donné à l'Italie une certaine indépendance pour la production de l'acier ; or, si le plan Schuman est mis en oeuvre, l'Italie pourra obtenir tout l'acier qu'elle voudra, aux mêmes prix que les meilleurs producteurs, et de tels investissements n'ont plus de sens. Il y a quelques jours, le gouvernement italien a retiré le projet en question: voilà le premier résultat concret du Plan Schuman.

Il est évident que cette harmonisation progressive pourra avoir des effets s'étendant jusqu'au régime de la propriété. Ce sera là le résultat d'une action progressive et il n'est pas question de demander à cet égard aux Gouvernements signataires un engagement quelconque : le Traité est conclu entre les Etats ; il est donc possible que la décision de l'Autorité touche, dans un pays, des industries privées, dans un autre, des industries socialisées ou nationalisées.

Il est évident également que si l'on fixe un prix de vente commun, les mauvais producteurs seront éliminés ; ce n'est pas le Plan Schuman ou l'Autorité qui les condamnera : ils sont condamnés et ils ne subsistent que grâce à des mesures de protection, et

....

aux dépens du niveau de vie des populations ; mais la mise en oeuvre du Plan fera voir à l'opinion que la disparition de ces mauvais producteurs est inévitable et qu'elle est un bien. Le Plan, à cet égard, prend le contre-pied des anciens cartels, puisque ceux-ci avaient essentiellement pour but de soutenir les prix et de protéger les producteurs les moins bien placés ; du même coup, les pratiques discriminatoires, le dumping, tout cela disparaîtra, et inéluctablement, les prix baisseront.

Deux problèmes se posent : comment se fera l'égalisation ? Comment se répartiront les marchés ? Sur ce dernier point, il y aura lieu de discuter et certainement les difficultés apparaîtront, mais nous ne voulons pas nous laisser arrêter à l'avance par cette idée. Sur le premier point, notre réponse est immédiate : c'est vers le haut, et non vers le bas, que nous voulons réaliser l'égalisation. Notre but est l'élévation du niveau de vie des populations. Il n'est plus possible, à notre époque, d'élever le niveau de vie des travailleurs d'un pays, tandis que celui des travailleurs voisins resterait inférieur ; ce n'est qu'à court terme, au prix du résultat final et du bien-être commun, que l'on défend un niveau de vie supérieur, dans un cadre national.

Comment, dans la pratique, pourront être progressivement adaptés vers le haut les niveaux de vie différents des populations des Etats signataires ? Ce sera la tâche des techniciens d'en déterminer les conditions et les moyens. La proposition de M. Schuman prévoit que, jusqu'à l'égalisation, des mesures transitoires, fonds de péréquation ou fonds de reconversion, devront être prises. Mais cette péréquation ne devra pas avoir pour objet d'aider à survivre des entreprises qui ne seront plus rentables ; elle devra, au contraire, permettre la transformation de ces entreprises et leur adaptation aux conditions nouvelles ; ainsi pourra être évitée la fermeture

....

brutale de certaines usines et les mouvements de population qui devraient s'ensuivre, mais qui ne sont pas encore usuels dans cette partie du monde. Naturellement, chaque gouvernement demeurera libre, s'il l'estime nécessaire, de soutenir directement telle ou telle industrie par des subventions sur le budget national. Mais il ne pourra le faire pendant longtemps et cela ne devrait être qu'une mesure transitoire, destinée à faciliter l'adaptation.

Dans le même esprit, la mise en oeuvre du plan va créer une sorte de "bloc tarifaire" sur deux produits essentiels. Il sera indispensable que les Etats ne donnent pas des subventions compensatrices à leurs nationaux. Ceci reviendrait à faire du dumping à l'intérieur du groupe.

Voilà, en somme, les bases que les négociateurs devront accepter dès le départ. Nous voudrions créer un organisme commun qui aurait pour tâche de penser au bien commun et de dire ce qui devrait être fait pour réaliser ce bien commun. Si le Plan est mis en oeuvre, les conditions d'une harmonisation des économies et d'une égalisation vers le haut du niveau de vie s'en dégageront progressivement. Nous ne partons pas du principe abstrait de la coordination ou de l'harmonisation, mais nous voulons faire quelque chose de concret, qui créera la coordination et réalisera peu à peu l'harmonisation. Nous dessinons un cadre : si les gouvernements l'acceptent, alors les discussions techniques pourront commencer à l'intérieur de ce cadre ; mais nous ne voulons pas, dès le départ, nous embarrasser des experts et nous laisser paralyser par leurs objections inévitables. Nous leur assignerons un but et ils auront à trouver les moyens de l'atteindre ; ils sont là pour cela.

M. MONNET souligne en terminant qu'outre ses mérites propres, la proposition de M. Schuman offre aux Allemands, en particulier, des raisons d'espoir et de confiance dans l'avenir.

LETTRE N° ....

Suite 8

M. Mac CLOY demande à M. Monnet quel est, à son avis, le type de négociateur qu'il conviendrait que le gouvernement fédéral nommât pour mener ces conversations.

M. MONNET estime que ce négociateur ne devrait pas être un industriel, car il ne s'agit pas d'une proposition technique. La conversation deviendra peut-être technique par la suite. Pour le moment, il s'agit avant tout d'une affaire politique. Cependant, un politicien ne serait pas plus indiqué, car il serait dangereux de faire d'une chose aussi importante une affaire de parti. Selon M. Monnet, le négociateur devrait être un homme qui ait une connaissance générale des affaires, une certaine expérience des discussions internationales et une autorité véritable vis-à-vis de son gouvernement et vis-à-vis de son opinion. A la Haute-Autorité, les représentants des gouvernements devront être des personnalités indépendantes.

M. Mac CLOY se déclare tout-à-fait d'accord avec cette façon de voir.

Le Général Sir GORDON McREADY (Haut-Commissaire Britannique par interim), attire l'attention sur une difficulté juridique : les Allemands sont actuellement soumis au contrôle de la Haute-Commission ; le charbon et l'acier sont contrôlés par des séquestres ; le gouvernement allemand peut-il, dans ces conditions, être autorisé à négocier souverainement sur les propositions de M. Schuman, et sans la présence d'observateurs alliés ?

M. BERARD réplique que le gouvernement fédéral devra être autorisé par la Haute-Commission à entrer dans les négociations envisagées ; mais à partir de ce moment, il devrait pouvoir négocier souverainement, étant entendu que les engagements qu'il prendrait laissent subsister toutes les obligations qui lui sont imposées d'autre part en vertu du Statut d'occupation et des contrôles alliés, et qu'avant signature, l'accord auquel il souscrirait devrait être soumis à l'approbation de la Haute-Commission.

Les trois hauts-commissaires en Allemagne signant le Statut d'occupation, le 21 septembre 1949, au Petersberg, à Bonn
De gauche à droite: Brian Robertson, André François-Poncet et John McCloy

M. Mac CLOY estime qu'il est important que la négociation envisagée se déroule, en ce qui concerne l'Allemagne, dans une atmosphère saine et que la liberté de décision du gouvernement allemand apparaisse totale ; au surplus, la négociation devant se dérouler avec l'un des membres de la Haute-Commission et le projet de Traité devant être soumis à la Haute-Commission, il trouve que l'on peut faire confiance au Haut-Commissaire Français pour tenir ses collègues au courant du progrès des conversations.

Le Général Mc READY se déclare d'accord avec le Haut-Commissaire Américain. Il note cependant que si c'est là une procédure souhaitable, ce n'en est pas moins, en ce qui concerne le statut de l'Allemagne, et ses rapports avec la Haute-Commission, une innovation considérable.

M. MONNET déclare qu'il n'est pas le Haut-Commissaire Français et que, sur ce point, il voudrait laisser la parole à M. Bérard ; il ne croit pas cependant que la présence d'observateurs fût souhaitable ; étant donné la portée des engagements qui seront pris par l'Allemagne, il est essentiel que personne ensuite ne puisse contester qu'ils aient été souscrits librement.

Sur la demande de M. Bérard, M. Mac CLOY ajoute que la Haute-Commission est très favorable à ce que M. Monnet ait un entretien avec le Chancelier Adenauer sur l'ensemble de la proposition française. La Haute-Commission autorise formellement M. Monnet à dire au Chancelier qu'il peut demander à la Haute-Commission la permission d'entrer dans les négociations envisagées, et que cette permission lui sera volontiers accordée.

Le Général Mc READY fait encore une remarque : la Haute-Autorité n'interviendra pas à l'intérieur des Etats, mais elle donnera aux gouvernements des instructions dont l'application risque d'avoir une influence capitale sur toute l'économie des pays intéressés. Les gouvernements devront donc eux-mêmes se munir des pouvoirs nécessaires pour exécuter ces décisions. Ceci revient à dire que, dans les Etats signataires du Traité, il n'y a plus place pour un régime libéral du modèle américain. En somme, les signataires du Traité seront amenés, tôt ou tard, au dirigisme économique.

M. MONNET fait remarquer que l'on peut discuter à l'infini sur ce qu'est de nos jours le libéralisme ; il reconnait que les gouvernements devront disposer de certains pouvoirs ; mais il souligne également qu'il n'est pas forcément indispensable d'avoir recours à des méthodes dirigistes. En France, par exemple, le Plan qu'il a élaboré a été appliqué à toutes les industries de base, bien que seuls les charbonnages soient nationalisés et que les autres secteurs de l'économie en soient encore à l'économie privée ; en fait, le but poursuivi est le bien commun, la meilleure productivité : mêmes les entreprises privées sont amenées à se rallier aux mesures proposées. S'il le fallait, en dernière analyse, dans tous les pays, le gouvernement détient le contrôle du crédit, et il peut agir très efficacement par ce moyen indirect.

M. Mc CLOY est entièrement de cet avis. Il indique que le rôle et les pouvoirs de l'Autorité pourraient être comparés à ceux des "port authorities" des Etats-Unis ou du "Niagara authority" ; ce sont des organes autonomes, qui gèrent, pour le compte et au profit de plusieurs Etats, certains ports ou les chutes d'eau du Saint Laurent. Il y aurait sans doute intérêt à examiner les statuts de ces organismes au moment où l'on préparera ceux de la Haute-Autorité du Charbon et de l'Acier.

En terminant, M. Mc CLOY exprime à M. Monnet les voeux de la Haute-Commission pour son entrevue avec le Chancelier. Il est convaincu, quant à lui, que M. Monnet trouvera M. Adenauer dans les dispositions les plus favorables./.

Six pays adhèrent à un objectif commun

L'élaboration du communiqué commun

Après deux semaines de travail d'information, de persuasion et d'écoute, le moment est venu de conclure.

Le 24 mai, Robert Schuman adresse aux gouvernements intéressés l'invitation à ouvrir des négociations et un projet de communiqué commun.

Cinq pays, l'Allemagne, la Belgique, l'Italie, le Luxembourg et les Pays-Bas acceptent l'invitation et les termes du communiqué. La Grande-Bretagne maintient son refus de négocier sur la base des seuls principes.

Pour tenir compte des arguments britanniques, un deuxième projet est rédigé et soumis aux différents gouvernements. Devant le refus de la Grande-Bretagne d'accepter cette nouvelle version, le Gouvernement français, en accord avec ses cinq partenaires, décide de publier le communiqué commun, désormais définitif.

AFFAIRES ETRANGERES

CHIFFREMENT

TÉLÉGRAMME AU DÉPART

Affaires économiques

24 mai 50

RÉSERVÉ

PRES. REPUBLIQUE
PRES. CONSEIL
M. PARODI
M. CLAPPIER
M. DE BOURBON BUSSET
DUPLICATA
RESERVE

BRUXELLES 509-511.
LA HAYE 582-84.
LUXEMBOURG 242.
ROME 1157-53.

PAR EXPRÈS

Des explications complémentaires ont été données dans la journée auxreprésentants belge, hollandais, luxembourgeois et italien au sujet du projet français relatif à la mise en commun du charbon et de l'acier. Il a été notamment indiqué que le Chancelier allemand avait accepté d'engager la négociation sur les bases proposées par le Gouvernement français. M. Adenauer a également donné son accord aux termes du projet de communiqué que je vous communique ci-après. (A suivre)

Début de citation : "Les Gouvernements .... sont décidés à poursuivre une action commune en vue des objectifs de paix, de solidarité européenne et de progrès économique et social par la mise en commun de leurs productions de charbon et d'acier et l'institution d'une Haute Autorité nouvelle dont les décisions lieront...... et les pays qui y adhéreront.

Les négociations, sur la base des principes et des engagements essentiels figurant dans la proposition française du 9 mai dernier, s'ouvriront à une date qui sera proposée incessamment par le Gouvernement français, en vue d'aboutir à l'établissement d'un traité qui sera soumis à la ratification des Parlements". Fin de citation.

Les représentants belge, hollandais, luxembourgeois et italien ont transmis ce texte à leurs Gouvernements et doivent nous faire connaître incessamment leur réponse définitive en vue de leur participation à la négociation du traité envisagé./.

Alphand

AFFAIRES ETRANGERES

CHIFFREMENT

HA/MB

TÉLÉGRAMME AU DÉPART

TIC

Transmis à Londres le 26-5-50 à 16 h

Affaires économiques

26 mai 50

27 MAI 2

LONDRES 4354-57
BRUXELLES
LA HAYE

LUXEMBOURG
ROME
BONN

RESERVE - URGENT

Hier soir, Sir Oliver Harvey a remis à M. Parodi un message de M. Bevin aux termes duquel le Gouvernement britannique déclare, en ce qui concerne les négociations relatives à la constitution du pool du charbon et de l'acier, que la décision la plus désirable devrait être l'institution de conversations directes entre la France et l'Allemagne. Le Gouvernement britannique souhaiterait prendre part, dès le début, à ces négociations, en exprimant l'espoir qu'ayant ainsi obtenu une vue plus claire des conditions dans lesquelles notre proposition pourrait être appliquée, il pourrait ensuite accepter de participer au plan projeté.

Cette communication du Gouvernement britannique a été reçue postérieurement aux invitations faites par le Gouvernement français aux divers Gouvernements intéressés de participer à une date prochaine aux négociations prévues sur la base des principes et des engagements essentiels figurant dans la déclaration du

Télégramme d'Hervé Alphand à divers, Paris, 26 mai 1950

AFFAIRES ETRANGERES

CHIFFREMENT

TÉLÉGRAMME AU DÉPART

9 mai.

Dans ces conditions, j'ai pensé qu'il était impossible de revenir sur nos propositions antérieures. Je ne crois pas non plus qu'il soit désirable qu'un Gouvernement assiste en qualité de simple observateur aux pourparlers. La Conférence envisagée doit être composée des Gouvernements qui acceptent de négocier sur les bases que nous avons exposées dans notre déclaration. Cette acceptation ne comporte d'ailleurs aucun engagement définitif en ce qui concerne la signature du traité lui-même, mais il est important que dès l'origine, nous n'ouvrions pas la discussion sur les principes qui forment partie intégrante de notre proposition primitive.

La présence d'un observateur ne pourrait, à mon sens, que rendre plus difficile l'accord ~~désiré~~ souhaité. Il n'en reste pas moins que le traité, s'il est mis au point, sera ouvert à tous les Gouvernements qui désireront se joindre à l'action entreprise. Le souhait du Gouvernement français reste toujours que le Gouvernement britannique puisse lui aussi accepter notre conception concernant la conduite de ces négociations et être associé ainsi dès le début à l'effort commun./.

DIFFUSION

PRESIDENCE DE LA REPUBLIQUE

" DU CONSEIL

M. PARODI

M. CLAPPIER

M. DE BOURBON BUSSET

DUPLICATA

DIPLOMATIE

AFFAIRES ÉTRANGÈRES

CHIFFREMENT

JBD

TÉLÉGRAMME AU DÉPART

P01

AFFAIRES ECONOMIQUES

PARIS, le 2 Juin 1950 0 Heure 30

PRIORITE ABSOLUE

RESERVE

BONN 1496-99
ROME 1219-22
BRUXELLES 555-558
LA HAYE 625-628
LUXEMBOURG 249-252

pour information: LONDRES 4567-70
WASHINGTON 4347-50

Le Gouvernement français ayant constaté que le projet de communiqué relatif aux négociations pour la mise en commun des productions européennes de charbon et d'acier, projet sur lequel plusieurs Gouvernements s'étaient mis d'accord, a paru prêter à des malentendus de la part du Gouvernement britannique, a décidé de proposer le nouveau texte suivant :

"Les Gouvernements .... décidés à poursuivre une action commune de paix, de solidarité européenne et de progrès économique et social, se donnent pour objectif immédiat la mise en commun des productions de charbon et d'acier et l'institution d'une Haute Autorité nouvelle dont les décisions lieront ......

"Les négociations, sur les bases de la proposition française du 9 Mai dernier, s'ouvriront à une date qui sera proposée incessamment par le Gouvernement français, en vue d'aboutir à l'établissement d'un traité qui sera soumis à la ratification des Parlements".

Ce texte ne modifie en rien la position de fond du Gouvernement français qui souhaite toujours que les discussions aient pour

Télégramme d'Hervé Alphand à divers, Paris, 2 juin 1950

AFFAIRES ÉTRANGÈRES

CHIFFREMENT

TÉLÉGRAMME AU DÉPART

base les principes contenus dans la déclaration du 9 Mai. Toutefois, répondant à certaines objections britanniques, il ne contient plus le mot "engagement" qui avait donné lieu à malentendu.

Le Gouvernement français a demandé dès ce soir leur accord à tous les Gouvernements intéressés.

Dans l'esprit du Gouvernement français, ce communiqué exprime l'unité de vues indispensable à la bonne marche des négociations. J'ajoute que, au cas où le Gouvernement britannique, contrairement à l'espoir du Gouvernement français, ne croirait pas pouvoir y souscrire, le Gouvernementê français engagerait la négociation prévue avec les autres pays qui en ont accepté les bases. Dans ce cas, il tiendrait le Gouvernement britannique informé du progrès de ses négociations avec le souci de permettre à ce Gouvernement de s'y joindre au moment où il l'estimerait possible.

Je souhaite que ce communiqué puisse être publié dans la journée de demain vendredi à une heure que je préciserai par téléphone en vous indiquant également la liste des Gouvernements qui y figureront. Je vous serais donc obligé de me faire connaître, aussitôt que vous la connaîtrez, et par téléphone, la réponse du Gouvernement de votre résidence./.

DIFFUSION:
Pce Républ.
Pce Conseil
M. PARODI
M. CLAPPIER
M. de BOURBON-BUSSET
DUPLICATA

<u>Pour Bonn seulement</u> : Vous voudrez bien souligner à M. M. Blankenhorn que cette modification du communiqué ne représente en rien une modification des intentions du Gouvernement français telles qu'elles ont été exposées par M. Monnet dans son entretien avec le Chancelier Adenauer./.

DIPLOMATIE P.o. Alphand

Télégramme d'Hervé Alphand à divers, Paris, 2 juin 1950

Communiqué commun publié le 3 juin 1950
par les Gouvernements
ayant adhéré à la proposition française du 9 mai 1950

Les Gouvernements français, allemand, belge, italien, luxembourgeois et néerlandais, décidés à poursuivre une action commune de paix, de solidarité européenne et de progrès économique et social, se donnent pour objectif immédiat la mise en commun des productions de charbon et d'acier et l'institution d'une Haute Autorité nouvelle dont les décisions lieront la France, l'Allemagne, la Belgique, l'Italie, le Luxembourg, les Pays-Bas et les pays qui y adhèreront.

Les négociations sur les bases de la proposition française du 9 mai dernier, s'ouvriront à une date qui sera proposée incessamment par le Gouvernement français, en vue d'aboutir à l'établissement d'un traité qui sera soumis à la ratification des Parlements.

----

3 Juin 1950

J'attire l'attention sur les objectifs que se proposent les gouvernements signataires du communiqué dont je viens de vous donner connaissance :

- création d'une communauté d'intérêts jusqu'alors divisés;
- création d'une Autorité nouvelle dans laquelle les nations mettraient en commun une fraction de leur souveraineté nationale afin de lui permettre de prendre des décisions pour le bien commun.

C'est la première fois dans l'histoire du monde que des pays dont la division a causé tant de guerres sanglantes se réunissent a afin de créer entre eux cette communauté d'intérêts qui éliminera les causes de guerre et créera les conditions fondamentales de production indispensables au relèvement du niveau de vie des populations des pays d 'Europe.

On pense que les négociations commenceront vers le milieu de Juin.

La publication simultanée, dans toutes les capitales des pays qui ont donné leur accord, du communiqué qui annonce l'ouverture prochaine de négociations sur les bases de la proposition française et qui en résume les objectifs, marque une date dans l'histoire de l'Europe. Pour la première fois, par leur propre volonté et sans qu'aucune domination tente de leur imposer cette unification, des gouvernements nationaux se déclarent prêts à instituer une Haute Autorité où les Nations mettraient en commun une fraction de leur souveraineté. On pense que les négociations annoncées commenceront vers le milieu du mois de juin.

L'opinion publique a salué l'importance et la nouveauté de l'initiative prise le 9 Mai par le Gouvernement français : elle tend, par la voie d'une action concrète engagée au départ sur un point limité mais décisif, à la création d'une communauté européenne substituée à des divisions d'intérêts et à des oppositions sanglantes ; elle fait renaître l'espoir en proposant aux peuples un effort constructif pour l'expansion de la production et le relèvement du niveau de vie; elle prépare l'aboutissement rapide des négociations nécessaires par un accord sur les objectifs fondamentaux à atteindre et les moyens essentiels à mettre en oeuvre.

Le Gouvernement Français a multiplié les efforts pour obtenir que le Gouvernement Britannique accepte de participer aux négociations prochaines dans les mêmes conditions que les autres gouvernements. Il a souligné qu'il n'y aurait d'engagement que

/....

par la signature d'un traité et sa ratification par le Parlement. Il a fait valoir que la construction proposée assurait la protection, et accroissait l'efficacité, des politiques de maintien du plein emploi et de relèvement du niveau de vie des travailleurs. Il n'a pu vaincre les hésitations du Gouvernement Britannique à engager les négociations dans la voie sur laquelle les autres gouvernements, appuyés par l'opinion publique, avaient donné leur accord. Dans ces conditions, il a convenu avec le Gouvernement britannique de le tenir constamment informé du déroulement des négociations et l'a assuré que grâce aux échanges de vues ainsi organisées entre les deux gouvernements, il tiendrait le plus grand compte du point de vue du Gouvernement britannique afin de permettre à celui-ci de se joindre ou de s'associer à l'oeuvre commune au moment où il le jugerait possible.

Le sens du Plan Schuman

Le 23 mai, à Bonn

Le 23 mai a lieu à Bonn un échange entre Jean Monnet et Bernard Clappier, d'une part, et le chancelier Adenauer et Herbert Blankenhorn, d'autre part. Armand Bérard, haut-commissaire adjoint, et Herbert Blankenhorn ont tous deux rédigé un procès-verbal de cet entretien.

Celui-ci a été précédé par une rencontre entre Jean Monnet et la Haute-Commission alliée au cours de laquelle la question de savoir si le chancelier serait dans l'échange de l'après-midi accompagné ou non d'un représentant de la Haute-Commission a été posée, débattue et tranchée. Cet acte préalable a ajouté à la signification de la rencontre.

Au cours de celle-ci, Jean Monnet et Konrad Adenauer ont précisé la signification que l'un et l'autre attachaient à leur entreprise commune.

Du compte rendu de cette conversation se dégage l'expression du sens du Plan Schuman, qu'il appartient à ses protagonistes d'apporter eux-mêmes à la fin de ce livre.

Jean Monnet écrit...

« Aussitôt rentré de Londres, je me rendis à Bonn pour rencontrer le chancelier allemand. Bernard Clappier m'accompagnait et assurait la liaison entre Schuman et moi, dévoué à notre idée commune, également fidèle à l'un et à l'autre. [...] A Bonn, j'allais à la rencontre d'un autre ami, John McCloy, mais cette fois-ci il serait mon interlocuteur officiel dans une négociation délicate où la fermeté de sa vision politique et sa diplomatie pouvaient nous être très utiles. Il était alors le haut-commissaire américain et président en exercice du Conseil de la Haute-Commission alliée où siégeaient avec lui François-Poncet et le général anglais Robertson. Ce conseil disposait encore de grands pouvoirs de contrôle, de ceux en particulier qui concernaient les relations extérieures de la nouvelle République fédérale. La situation n'était pas banale: je devais demander à McCloy l'autorisation d'ouvrir des conversations avec Adenauer, et ces conversations impliquaient que les rapports fussent désormais égaux entre la France et l'Allemagne. La décision du conseil serait donc plus qu'une formalité: ce serait le dernier acte de sa tutelle diplomatique.

» L'affaire n'allait pas de soi, et je dus convaincre par un long exposé. Sans doute, sur les objectifs, McCloy était-il déjà gagné à notre cause, mais il devait considérer la réserve que fit son collègue anglais: ‹ L'Allemagne est sous contrôle, le charbon et l'acier sous séquestre. Il convient donc que la Haute-Commission soit représentée dans les négociations. › Cela était contraire à l'esprit même de la proposition française, et Armand Bérard, l'adjoint de François-Poncet – absent ce jour-là –, parla dans le sens des instructions que Clappier lui avait apportées: ‹ A compter du moment où nous aurons autorisé le gouvernement fédéral à négocier, il devra le faire souverainement. › Comme la discussion s'enlisait, j'intervins: ‹ Si on considère la portée des engagements qui seront pris par l'Allemagne au terme du traité, il est essentiel que personne ensuite ne puisse contester qu'ils ont été souscrits librement. › On vit que nous en faisions un problème politique, et l'on n'insista pas. J'eus l'autorisation de commencer des entretiens avec Adenauer.

» L'après-midi, j'étais introduit dans son bureau au palais Schaumburg. Clappier et Bérard – ce dernier venu à titre personnel – m'accompagnaient. Auprès du chancelier se tenait Blankenhorn. »

Jean Monnet: *Mémoires, op. cit.*, pp. 364-365.

Lic

AFFAIRES ÉTRANGÈRES

DÉCHIFFREMENT

TÉLÉGRAMME A L'ARRIVÉE

AMB

BONN, le 17 mai 1950 à 13.30
reçu le 17 à 14.00

N° 2296/97

Retransmis à LONDRES. N° 4064/65.

Au cours de notre entrevue d'hier, avec M. Adenauer, celui-ci nous a montré un visage constamment détendu, conciliant, souriant Les avertissements contenus dans la déclaration des Ministres alliés relative à l'Allemagne ne l'ont pas ému. Ils ont glissé sur son parti-pris de se féliciter de tout et de ne se froisser de rien, du moins pour le moment. Son attitude a été celle d'un homme dont les desseins se sont réalisés, et qui, sûr de lui, foule, désormais, d'un pied ferme un terrain solide.

Le plan Schuman a déjà à son actif le mérite d'avoir opéré cette métamorphose.

Pendant le dîner où je l'avais mis en contact avec M. Paul Reynaud, le Chancelier m'a indiqué que son représentant au Comité chargé de lá réalisation du plan en question serait, sans doute, M. Vitz lequel aurait, à ses yeux, l'avantage de n'appartenir ni à l'Industrie du charbon, ni à celle de l'acier, mais d'avoir déployé des qualités exceptionnelles dans celle de la rayonne. M. Vitz, sur lequel je fais prendre des informations, serait flanqué de deux spécialistes et d'un représentant des syndicats.

M. Adenauer estime, d'ailleurs, que lui, personnellement et son cabinet, ont assez clairement manifesté leur approbation chaleureuse et leur volonté de collaboration.

C'est au Gouvernement français qu'il appartient d'indiquer quelle doit être, maintenant, la suite des opérations.

Le Chancelier n'a rien dit de notable dans sa conversation avec M. Paul Reynaud, mais il attend avec impatience et curiosité l'arrivée de M. Jean Monnot ./.

FRANCOIS PONCET

17 MAI 4

ENTREVUE du 23 MAI 1950

entre M. Jean MONNET et le Chancelier ADENAUER

L'entrevue avec le Chancelier ADENAUER a eu lieu dans le bureau de celui-ci au Palais Schaumburg. Commencée à 16 H.30, elle n'a pas duré moins d'une heure et demie. Y assistaient, du côté français : M. MONNET, M. CLAPPIER et M. BERARD; du côté allemand, le Chancelier et le Dr. BLANKENHORN.

Ainsi que le lui avaient demandé les Haute-Commissaires britannique et américain, M. BERARD, en présentant M. MONNET au Chancelier, a précisé qu'il prenait part à cet entretien, non pas en tant que membre de la Haute-Commission, mais en tant que représentant français accompagnant un de ses compatriotes.

M. MONNET a fait au Chancelier, dans des termes assez voisins de ceux qu'il avait employés devant la Haute-Commission, un exposé des origines, des objectifs et des développements du Plan SCHUMAN. Il a fait ressortir à cette occasion que ce plan, qui avait été élaboré en liaison étroite avec M. SCHUMAN et M. BIDAULT, avait reçu l'agrément de tout le Gouvernement français. Il a rappelé que les autres initiatives qui avaient été prises concernant la création d'une unité européenne, O.E.C.E., organisation de Strasbourg, n'avaient pas fait de progrès décisifs.

Cette situation risquait de provoquer dans l'opinion publique une vive déception. Il fallait sortir de cette stagnation et aller de l'avant. Le défaut des précédentes entreprises avait été de chercher à établir une fédération de souverainetés nationales. Il fallait, au contraire, créer une autorité supranationale, dont les divers gouvernements nationaux fussent, dans son domaine d'attributions, les agents d'exécution. Un autre défaut des entreprises jusque-là tentées était de ne pas viser une réalisation concrète. Les Etats n'accepteraient d'abandonner une partie de leur souveraineté que pour un bien commun, pour une tâche précise.

Le Gouvernement français avait pensé que cette tâche devait être recherchée dans le domaine des relations franco-allemandes qui constituent le point névralgique de la situation de l'Europe occidentale. En établissant ces relations sur une base nouvelle, on écarterait la crainte de guerre, et, comme l'a dit un jour Roosevelt, "le véritable danger c'est la crainte du danger". Le Gouvernement français avait également pensé que, dans ces rapports franco-allemands, le charbon et l'acier jouaient un rôle essentiel parce qu'ils touchaient au problème de la sécurité et qu'ils avaient fourni les moyens de déclancher les conflits passés. Ces industries lourdes étaient liées dans l'opinion à l'idée de guerre. Les tourner vers un profit commun permettrait de modifier entièrement le climat psychologique.

A ce sujet, M. MONNET a souligné que, si l'Europe ne gaspillait plus son énergie dans des conflits internes, elle atteindrait un standard de vie particulièrement élevé; elle reprendrait le rôle dirigeant que, du point de vue intellectuel et du point de vue de la civilisation elle avait eu jadis dans le monde et qu'elle doit de nouveau y avoir; elle jouit d'une diversité qui fait sa righesse et qui manque à l'Amérique; si elle retrouvait sa prospérité, elle influerait, pour cette raison, sur l'évolution de l'Amérique elle-même.

La proposition française était donc, dans son inspiration, essentiellement politique. Elle avait même un aspect pour ainsi dire moral. Dans son essence, elle visait un objectif très simple que notre gouvernement chercherait à réaliser sans se préoccuper, dans une première phase, des difficultés techniques.

Il n'y avait rien dans notre initiative qui ne fût contenu dans la déclaration de M. SCHUMAN du 9 Mai, qui a été remise au Chancelier. M. MONNET tenait à ce dernier le langage qu'il avait tenu à la Haute-Commission et, précédemment, aux Anglais et aux représentants du Benelux. Les Anglais s'étaient à certains égards montrés un peu réticents, ce qui était parfaitement compréhensible, car ils avaient à tenir compte de leurs Dominions et étaient préoccupés de leur situation économique. Mais il n'y avait pas lieu de s'en préoccuper. Les Anglais avaient la grande qualité d'être des gens réalistes : si l'entreprise réussissait, les Anglais s'y associeraient certainement. Les représentants du Benelux s'étaient montrés favorables. L'Italie avait demandé avec insistance à être associée.

D'une manière générale, la proposition SCHUMAN avait eu dans l'opinion un profond retentissement. Elle avait soulevé une approbation si grande et si sincère que les peuples n'accepteraient plus d'être déçus dans leur attente; ceux-ci passeraient par-dessus les difficultés techniques et presseraient les gouvernements d'aboutir. Il fallait en profiter, ne pas perdre de temps et passer le plus tôt possible à l'action.

Cette action devait se comprendre sous la forme de négociations aboutissant à un traité de caractère généralpar lequel cette autorité supra-nationale serait fondée. Une fois cette autorité uonstitiée, la solution des problèmes techniques serait abordée. En tant que techniciens, M. Monnet savait par expérience que ces problèmes n'étaient jamais insolubles à partir du moment où ils étaient abordés du point de vue d'une grande idée.

M. Monnet allait rentrer à Paris. Il aurait le lendemain un nouvel entretien avec les représentants du Benelux. Il était vraisemblable que ceux-ci s'associeraient à notre initiative. A ce moment pourrait paraître un communiqué annaonçant que les Gouvernements français Allemand et du Benelux, éventuellement aussi les Gouvernements britannique et italien, était d'accord pour ouvrir immédiatement des négociations en prenant pour base le memorandum français du 9 mai dont ils déclarent accepter les termes. Le Gouvernement fédéral aurait à désigner un négociateur. Ce choix revêtait, aux yeux de M.Monnet, une extrême importance. Il ne s'agissait pas de prendre un technicien, un spécialiste qui soulignerait telle ou telle difficulté, ni un homme politique qui s'inspirerait d'une préoccupation de parti. Il fallait choisir un homme indépendant et désintéressé. Ce représentant allemand négocierait sur un pied de parfaire égalité, de manière que le traité envisagé, qui doit être le point de départ d'une ère nouvelle dans la vie de l'Europe, apparaisse bien à tous comme ayant éé négocié sans contrainte. Le Gouvernement fédéral aurait à demander à la Haute-Commission l'autorisation d'envoyer ce négociateur à Paris, de même que M. Monnet avait reçu l'avertissement de celle-ci pour s'entretenir cet après-midi avec le Chancelier; mais cette requête ne soulèverait aucune difficulté. M.Monnet pouvait d'ailleurs, à la suite de la réunion qui s'était tenue ce matin au Petersberg,annoncer au Chancelier que la Haute-Commission ne demanderait pas à ce que le négociateur allemand soit assisté d'un observateur.

M. Clappier a pris la parole pour indiquer, à titre confidentiel, à M. Adenauer, que M. Schuman avait déjà fait choix, comme nagociateur français, de M. Monnet. Il a rappelé en même temps les termes de la déclaration du 9 mai pour faire ressortir que si les négociations se déroulaient sur un plan d'égalité, chaque partenaire y participait néanmoins avec son statut actuel ; en d'autres termes, le Gouvernement fédéral ne se trouverait pas pour cela délié de ses obligations.

Répondant à M. Monnet, M. Adenauer déclare que lui-même n'est pas un technicien; il n'est pas non plus à 100% un politicien. Il envisage lui aussi cette entreprise sous son aspect le plus élevé, et comme une entreprise d'ordre moral. Les divers gouvernements intéressés ne doivent pas tant se préoccuper des responsabilités techniques qu'ils assument à l'égard de leur peuple que de leur responsabilité morale en présence des vastes espoirs que cette proposition a éveillés.

.../.....

Jean Monnet et Konrad Adenauer

Le Chancelier et son Gouvernement ne s'accrocheront pas à des questions secondaires, à des points de vue étroits, à des détails. L'accueil en Allemagne a été enthousiaste. Si des critiques se sont élevées du côté de la sociale-démocratie, elles ne doivent pas être prises trop au sérieux. En Allemagne, quand un chef de gouvernement approuve à 100% une initiative, l'opposition doit en rabattre d'au moins 20%. L'Allemagne est prête à réaliser la proposition française. Le communiqué soumis parM. MONNET au Chancelier comme devant être publié au moment où s'engageront les négociations de Paris, est accepté par celui-ci. Le texte lui en est laissé, étant entendu qu'il restera secret jusqu'au moment de sa publication. M. ADENAUER souligne qu'il est d'autant plus favorable à notre initiative que voici 25 ans qu'il sepenche lui-même sur cette question. Si l'on parvient à une solution satisfaisante de ces problèmes du charbon et de l'acier, l'atmosphère de crainte qui prévaut encore se trouvera dissipée, et une base solide s'offrira à l'édifice européen.

Le Chancelier tient à déclarer qu'en s'associant à l'entreprise envisagée, son Gouvernement et son pays n'ont aucune arrière-pensée hégémonique. Depuis 1933 en particulier, l'histoire leur a appris combien pareilles préoccupations sont vaines. L'Allemagne, comme d'ailleurs l'Europe, est actuellement sous la pression directe de l'Est, de l'Asie, et elle sait que son sort est lié au sort de l'Europe occidentale.

M. MONNET répète que l'Europe doit apporter une contribution morale au développement du monde. Si elle parvient à écarter de son sein les causes de la guerre, elle fournira au monde cet apport spirituel qu'interdit encore la rivalité et l'opposition des nationalismes.

Le Chancelier espère que l'Angleterre comprendra son rôle européen. A la vérité, il n'en doute pas; mais les Anglais sont des gens à qui il faut laisser un peu de temps. L'Italie se montrera très bien disposée, le Benelux aussi. Le Gouvernement fédéral rencontre une difficulté : c'est trouver à son tour un M. MONNET ; l'Allemagne est pauvre en personnalité de ce genre. Il faut un homme compétent. M. Dani HEINEMAN aurait été un parfait candidat; mais il est maintenant citoyen américain.

M. MONNET rappelle que ce n'est pas tellement la compétence qui compte. Dans tous les problèmes politiques, l'approche est le point difficile. La question présente doit être abordée par une action en vue d'un bien commun. Il sera important que le Chancelier prenne lui-même le problème en mains, comme le fait à Paris, M. SCHUMAN, et que son délégué dépende directement de lui.

M. ADENAUER se déclare d'accord, et il passe en revue les candidats possibles: M. MERTON, à Francfort; mais certaines critiques ont été formulées en Allemagne à son sujet; M. ABS, de la Bank Deutscher Länder, mais M. BONNET signale que ce nom n'éveille pas en France et, à l'étranger, un bon écho; M. GOTZ, de la Dresdner Bank; M. SCHEFFER, qui vit à Stockholm et qui est dans les affaires Kröger; M. MONNET dit qu'il a entendu parler de lui d'une manière très élogieuse, et qu'il cherchera à préciser sur ce point ses souvenirs; M. BERNARD, également de la Bank Deutscher Länder. Le Chancelier déclare, en terminant, qu'il condisère la réalisation de la proposition française comme la tâche la plus importante qui se pose à lui. S'il parvenait à la résoudre, il estime qu'il n'aurait pas perdu sa vie.

M. MONNET répond que cette initiative peut en effet créer des conditions psychologiques qui aident à écarter définitivement la guerre.

L'entretien s'est déroulé dans une atmosphère extrêmement cordiale. Il est manifeste qu'il a permis à un climat de confiance de s'établir entre les deux hommes, et en accompagnant M. MONNET jusqu'à sa porte, le Chancelier lui dit qu'il se réjouit à la pensée de pouvoir poursuivre cette conversation pendant le dîner où ils doivent se rencontrer.

Le communiqué suivant est donné aux journalistes .

"M. Jean MONNET, qui était accompagné de M. Bernard CLAPPIER, directeur du cabinet de M. SCHUMAN, a été reçu cet après-midi par le Chancelier fédéral avec qui il a eu un long entretien. Il a renseigné le Chancelier sur les objectifs et les bases de la proposition faite le 9 Mai 1950 par le Ministre des Affaires Etrangères français au nom de son gouvernement.

M. Jean MONNET et le Chancelier ont constaté sur cessujets, la pleine identité de leurs vues et, notamment, l'intérêt qui s'attache à une réalisation rapide de ce projet".

Bonn, 24. Mai 1950

Am Dienstag, den 23. Mai, nachmittags 16.30 Uhr fand die erste Aussprache zwischen Herrn Jean M o n n e t und dem Bundeskanzler über den Schuman-Plan statt. An der Unterredung nahmen außer den Genannten Herr Bérard, Herr Clappier, der Kabinettschef des französischen Außenministers, und ich teil.

Herr Monnet begann seine Ausführungen mit einer Schilderung der Aufnahme des Schuman-Plans in der öffentlichen Meinung der verschiedenen Länder. Die Aufnahme in den Vereinigten Staaten sei außerordentlich zustimmend gewesen. Er erinnere nur an die Stellungnahme des Präsidenten Truman. Aber auch in allen übrigen Ländern, vor allen Dingen England, habe man sich in wachsendem Maße für die Idee des Schuman-Plans ausgesprochen. Das Entscheidende sei bei der ganzen Frage nicht so sehr die Lösung der technischen Probleme, sondern vielmehr die Schaffung einer grundsätzlich neuen geistigen Haltung, aus der heraus allein die Verwirklichung des Plans sich ermöglichen lasse. Europa müsse wieder zu einer vitalen Kraft werden, die die Gegensätze zwischen den verschiedenen europäischen Nationen überwinde und dadurch einen positiven Beitrag für die Fortentwicklung der Welt leiste. Er habe heute seine Gedanken zunächst der Hohen Kommission vorgetragen. Diese habe den Wunsch ausgesprochen, daß die Bundesregierung in einem besonderen Schreiben die Genehmigung zu den bevorstehenden Verhandlungen beantrage. Man habe gleichzeitig auch die Frage erörtert, ob die Hohe Kommission auch durch einen Beobachter an diesen Verhandlungen beteiligt sein solle. Die Hohe Kommission habe sich negativ entschieden.

Es müssten also nun bald beide Länder Delegierte ernennen, die daran ~~gingen,~~ gehen eine Charta für die zu schaffende gemeinsame Behörde auszuarbeiten. Hier handele es sich in erster Linie um konstitutionelle Fragen. Alle wirtschaftlichen Teilprobleme würden später zu lösen sein. Der französische Delegierte werde nach Auffassung Herrn Schumans kein Industrieller sein. Er werde unabhängig sein von den politischen Parteien. Die französische Regierung schlage vor, daß folgendes gemeinsame Communiqué in der nächsten Woche herausgegeben werde:

> "Les Gouvernements .... sont décidés à poursuivre une action commune en vue des objectifs de paix, de solidarité européenne et de progrès économique et social par la mise en commun de leurs productions de charbon et d'acier et l'institution d'une Haute Autorité nouvelle dont et les pays qui y adhéreront.
>
> Les négociations, sur la base des principes et des engagements essentiels figurant dans la proposition française du 9 Mai dernier, s'ouvriront à une date qui sera proposée incessamment par le Gouvernement français, en vue d'aboutir à l'établissement d'un traité qui sera soumis à la ratification des Parlements."

Zu diesem Communiqué werde man versuchen, außer der Zustimmung Deutschlands die Zustimmung der Benelux-Staaten und die Zustimmung Englands zu erwirken. Mit den Benelux-Staaten werde am

- 2 -

Mittwoch, den 24. Mai in Paris verhandelt. Gleichzeitig würden Besprechungen mit der britischen Regierung in London stattfinden. Er glaube, daß die Benelux-Staaten keine besonderen Schwierigkeiten machten. Anders werde vielleicht die Lage in England sein, wo die Dominien, das Präferenzsystem und auch die traditionelle Abneigung gegen allen Wechsel vielleicht Schwierigkeiten verursachten. Die Engländer hätten aber die gute Eigenschaft, wenn sie einmal Tatsachen in ihrer Tragweite erkannt hätten, sich schnell anzupassen. Er sei überzeugt, daß, wenn England jetzt gewisse Schwierigkeiten mache, es später sicher an der Verwirklichung des Planes mitwirken werde. Diese Regierungsverhandlungen müssten auf der Basis völliger Gleichberechtigung geführt werden. Das Ergebnis der Verhandlungen würde dann den gesetzgebenden Körperschaften der verschiedenen Länder vorgelegt werden.

Herr Clappier teilte mit, daß Herr Schuman Herrn Monnet zum französischen Unterhändler bestimmt habe und er das volle Vertrauen des französischen Außenministers genieße. Im übrigen mache er in Ergänzung der Ausführungen des Herrn Monnet auf den letzten Abschnitt des Schuman-Plans vom 9. Mai aufmerksam, nachdem der Regelung der Eigentumsverhältnisse der Unternehmer durch die Errichtung der Hohen Behörde nicht vorgegriffen werden dürfe.

Der Bundeskanzler erklärte, er sei kein Techniker. Er stehe auch völlig auf dem Standpunkt, daß der Schuman-Plan in erster Linie eine ~~moralische~~ Angelegenheit sei. Die deutschen und französischen Staatsmänner seien verpflichtet aus ~~innerer~~ Verantwortung gegenüber ihren Völkern, diesen Plan in Gang zu setzen. Der Plan sei in Deutschland ~~enthusiastisch~~ aufgenommen worden. ~~Nur ein verhältnismäßig kleiner Teil der Bevölkerung, nämlich die Sozialdemokraten, fühlten sich zu einer gewissen Opposition verpflichtet.~~ Schon seit 25 Jahren arbeite er an diesen Plänen, Eisen und Kohle als Grundlage einer friedlichen Lösung zwischen Frankreich und Deutschland auszuwerten. ~~Es liege der Bundesregierung völlig fern, in irgendeiner Weise eine Suprematie anzustreben.~~

Monnet: Europa schulde der Welt einen geistigen Beitrag. Wenn es uns gelänge, die materiellen Ursachen der Kriege zu beseitigen, so würde damit der Beitrag geleistet sein. Es komme dabei darauf an, Europas Charakter, der von der "Diversité" bestimmt sei, zu erhalten.

Bundeskanzler: Er hoffe, daß auch England seine Rolle verstehe und sich bald zur Mitarbeit bereitfinde. Italien und die Beneluxstaaten würden bereit sein. Gewisse Schwierigkeiten ergäben sich aus der Wahl des deutschen Verhandlungsführers. Frankreich habe in der Person Monnets einen idealen Verhandlungsführer zur Verfügung, den Deutschland noch nicht besitze. Er werde einen Mann von hohen Fähigkeiten, ausreichendem Idealismus und der erforderlichen allgemeinen Übersicht über die Wirtschaftsprobleme aussuchen. Er denke dabei in erster Linie an seinen alten Freund Deni Heinemann, der aber wegen Alters und der fremden Staatsangehörigkeit nicht in Frage komme. Genannt sei ferner Herr Merten, über dessen Eignung die Auffassungen aber etwas auseinandergingen.

Monnet: Er empfehle, daß man bei der Wahl des deutschen Verhandlungsführers mit großer Vorsicht zu Werke gehe. Der Verhandlungsführer müsse zum Bundeskanzler in direkter Verbindung stehen. Die Verantwortung für das Gelingen der Verhandlungen liege in Frankreich

- 3 -

bei Herrn Schuman, der ausschließlich die Direktiven geben werde. Die technischen Minister würden in diesem Stadium nicht beteiligt werden.

Bundeskanzler: Er sehe durchaus die politische Bedeutung des Plans und werde die Angelegenheit selbst in die Hand nehmen. Er sei der Auffassung, daß die Angelegenheit schnell in Bewegung gesetzt werden müsse, je schneller desto besser. Er wolle einmal einen Namen für die Delegationsführung in die Debatte werfen. Nach seiner Auffassung sei ein sehr guter Mann der Präsident der Wiederaufbaubank Herr Abs.)

(Monnet: Die Reaktion der französischen Öffentlichkeit auf die Amerikareise des Herrn Abs sei schlecht gewesen. Er könne von einer Kandidatur des Herrn Abs nur abraten. Eine andere Persönlichkeit, die in Frage komme, sei der frühere Staatssekretär im Reichsfinanzministerium Herr Schaeffer.)

(Monnet: Er halte Herrn Schaeffer für einen ausgezeichneten Mann, der über eine eingehende Kenntnis allgemeiner Wirtschaftsfragen verfüge und dem es auch nicht an Phantasie fehle. Seine erste Reaktion auf diesen Vorschlag hin sei durchaus günstig.)

(Bundeskanzler: Ein anderer Name sei der Präsident Bernard von der Bank Deutscher Länder.)

(Monnet: Es sei besser, keinen Bankier zu wählen. Der Verhandlungsführer müsse völlig unabhängig sein. Dies sei auch für die Gewerkschaften nötig.)

(Bundeskanzler: Bernard werde auch bei den Gewerkschaften keinen Widerstand finden. Er sei frei von rein bankmäßigen Bindungen.)

Monnet: Wenn man die psychologischen Voraussetzungen dazu benutze, könne man hoffen, den Frieden zu erhalten. Leider mache sich in den öffentlichen Meinungen der verschiedenen Länder der Gedanke der Unvermeidbarkeit des Krieges breit. Hiergegen müsse man sich entschieden wenden. Der Schuman-Plan sei ein revolutionärer Akt, der alles verändern könne. Ein solcher Akt sei nur in einer Demokratie möglich und sei in einem totalitären System undenkbar.

Bundeskanzler: Wenn Furcht beseitigt werde, werde Europa wie ein genesender Kranker seine Kräfte wiederfinden.

Monnet: Es gebe ein altes englisches Sprichwort: "The only thing to fear is fear itself". Es gelte, mit dem Plan die Furcht zu überwinden.

(Am Ende der Unterhaltung wurde folgendes Pressecommuniqué beschlossen:

"Herr Jean M o n n e t, in Begleitung von Herrn Bernard Clappier, dem Kabinettschef des französischen Außenministers Herrn Schuman, wurde heute nachmittag vom Herrn Bundeskanzler zu einer längeren Aussprache empfangen.

Herr Monnet hat dem Herrn Bundeskanzler die Ziele und Grundlagen des Vorschlages entwickelt, die am 9. Mai vom französischen Außenminister im Namen der französischen Regierung

BUNDESREPUBLIK DEUTSCHLAND
DER BUNDESKANZLER

Bonn, den 23, Mai 1950

Herrn
Präsident Robert S c h u m a n

<u>P a r i s</u>
Ministerium für Auswärtige Angelegenheiten

Sehr geehrter Herr Präsident,

Meine heutige ausführliche Aussprache mit Herrn Monnet hat mich mit grosser Befriedigung erfüllt. Ich habe zu meiner Freude aus dieser Aussprache entnommen, dass Herr Monnet's Auffassung hinsichtlich der weiteren Behandlung Ihres grossen Planes von dem gleichen Geist getragen ist, der in den vergangenen Jahren Sie und mich im Interesse der Verständigung zwischen unseren Völkern erfüllt hat. In der Tat werden wir nur Erfolg haben, wenn wir unsere Arbeit nicht allein von technischen und wirtschaftlichen Gesichtspunkten leiten lassen, sondern sie auf eine ethische Grundlage stellen.

Die Auswahl eines geeigneten deutschen Verhandlungsführers ist recht schwer. Ich habe eine Entscheidung noch nicht getroffen. Ich darf Sie aber versichern, dass er von dem gleichen Geist erfüllt sein soll, den Herr Monnet in so eindringlicher und überzeugender Weise zum Ausdruck gebracht hat.

Mit dem Ausdruck meiner ausgezeichneten Hochachtung
und freundlichen Grüßen
Ihr ergebener
K. Adenauer

 Lettre de Konrad Adenauer à Robert Schuman, Bonn, 23 mai 1950

Ce même 23 mai, en conclusion de la rencontre, le chancelier Adenauer laisse percer son émotion, aussi bien dans la lettre qu'il adresse à Robert Schuman que dans le message dont, à la fin du dîner offert par l'ambassade de France, il charge Paul Leroy-Beaulieu, directeur général des Affaires économiques et financières auprès du Haut-Commissariat de la République française en Allemagne: « Voulez-vous dire à Monsieur Monnet que lorsqu'il m'a proposé son projet j'ai remercié Dieu. »

Eric Roussel: *Jean Monnet*, Fayard, Paris, 1996, p. 539.

Evoquant Jean Monnet, Robert Schuman et Konrad Adenauer, François Fontaine écrit...

« Voilà trois hommes clés pour notre époque. Leur rencontre a été une chance extraordinaire, mais pas un hasard. Leur entente, un épisode de quelques années, mais quelles années!

» Que n'a-t-on pas écrit sur l'itinéraire intellectuel de ces trois personnages, le jeune avocat lorrain absorbé malgré lui par le monde germanique, mais souffrant de ce tiraillement et méditant sur un avenir de syncrétisme. Au même moment, son congénère rhénan tournant le dos à l'Est au point d'être soupçonné de séparatisme, mais attendant seulement l'heure de parler aux Gaulois au nom de la nation allemande. Le Charentais enfin, leur contemporain, parti tôt négocier son eau-de-vie dans le monde anglo-saxon, mais très vite convaincu qu'il avait mieux à faire: négocier la paix et toute forme de vie en commun entre les peuples. Si les deux premiers avaient des chances raisonnables de se rencontrer un jour, peut-être à l'ombre de quelque cathédrale gothique (mais ce jour fut étonnamment tardif), le troisième semblait avoir rompu ses attaches avec le vieux continent où sa culture tirée de l'expérience était mal adaptée aux scolastiques régnantes. Il ne fallut rien de moins que deux guerres mondiales pour qu'ils se retrouvent un jour dans l'œil du cyclone européen, prêts à mener la même action comme s'ils en avaient parlé ensemble toute leur vie.

» Ces trois itinéraires furent ceux aussi de beaucoup d'hommes de leur génération. On ne peut qu'être frappé par la convergence d'esprits remarquables, au cours des mois qui précédèrent le Plan Schuman, sur le principe de la fédération européenne, sa nécessité, son urgence. Et pourtant, on ne saurait dire que la conception de ce Plan fut le produit d'une inspiration collective ni même d'un travail d'équipe. C'est au contraire la plus grande création politique émanant du plus petit nombre de créateurs. Cette économie de moyens fait penser à une ascèse de l'esprit: c'est précisément le trait le plus frappant que nos trois personnages avaient en commun. Chacun à sa manière était un ascète, c'est-à-dire un homme capable de subordonner et de sacrifier toutes les tentations et les distractions de l'esprit, toutes les curiosités d'un monde varié qui font la richesse et le plaisir de la vie, à une idée unique et constante. C'est pourquoi, sans être injuste pour tous les autres qui avaient en vue le même grand dessein, qui en traçaient les contours et en parlaient avec conviction et talent, on peut attribuer la paternité de l'œuvre à trois hommes et à eux seuls. Il n'empêche que nombreux sont les Européens qui méritent le beau nom d'apôtres, car ils ont vu un certain jour tomber sur leur tête la parole décisive qu'ils attendaient en vain, et ils l'ont propagée avec enthousiasme.

» Cette parole, il revenait assurément à ceux qui assumaient les responsabilités politiques de la prononcer. Mais on ne s'est pas suffisamment demandé, semble-t-il, pourquoi ces trois hommes-là précisément étaient alors à des postes stratégiques. Et il faudra répondre aussi à la question corollaire: pourquoi d'autres, qui occupaient à leurs côtés des postes non moins importants, n'ont-ils pas pris la même initiative s'il est vrai qu'elle s'imposait avec une telle évidence qu'ensuite chacun en revendiquera une part de paternité? A la première question, Robert Schuman avait déjà répondu lui-même: ‹ Si je me trouve à ce poste, avait-il dit peu de temps auparavant à l'Assemblée nationale, c'est non parce que je l'ai cherché, mais sans doute parce qu'il a fallu quelqu'un de cette frontière de l'Est pour tenter de faire coexister en paix deux pays qui se sont souvent déchirés. › On crut qu'il s'excusait d'être là.

Lors de la signature du Traité de Paris instituant la Communauté européenne du charbon et de l'acier, le 18 avril 1951, au Salon de l'Horloge du Quai d'Orsay, à Paris
De gauche à droite : Walter Hallstein, Konrad Adenauer, Jean Monnet et Robert Schuman.
A demi caché derrière Jean Monnet, Herbert Blankenhorn

En réalité, il venait de poser sa candidature à la responsabilité décisive. Quant à la seconde question, elle relève du mystérieux domaine des affinités électives. Un homme apporta la clé, un autre eut l'intuition qu'elle était la bonne et n'hésita pas un instant à s'en servir. Or, la chance était dans l'instant. Konrad Adenauer et Alcide De Gasperi n'en perdirent pas un à lui répondre. Robert Schuman, ministre français des Affaires étrangères était donc bien à cette époque l'homme du destin européen, à telle enseigne que les alliés anglo-américains lui avaient confié dès septembre 1949 le dossier de l'Allemagne qui leur brûlait les mains. Toutefois le gouvernement de M. Attlee ne l'avait pas mandaté pour bouleverser l'équilibre continental. Il ne s'était pas rendu compte que cet équilibre traditionnellement dosé par les Anglais venait de leur échapper par négligence. Preuve supplémentaire que l'initiative de l'action, en 1950, incombait par nature à des hommes intensément préparés par leur culture et par leur expérience à saisir la chance historique de leurs peuples. »

François Fontaine : « Le Plan Schuman : trois hommes, une morale », in *Une mémoire vivante, op. cit.*, pp. 86-89.

Lettre d'un vétéran allemand de la Première Guerre mondiale
à Jean Monnet
Hitzacker-sur-l'Elbe, 8 novembre 1978

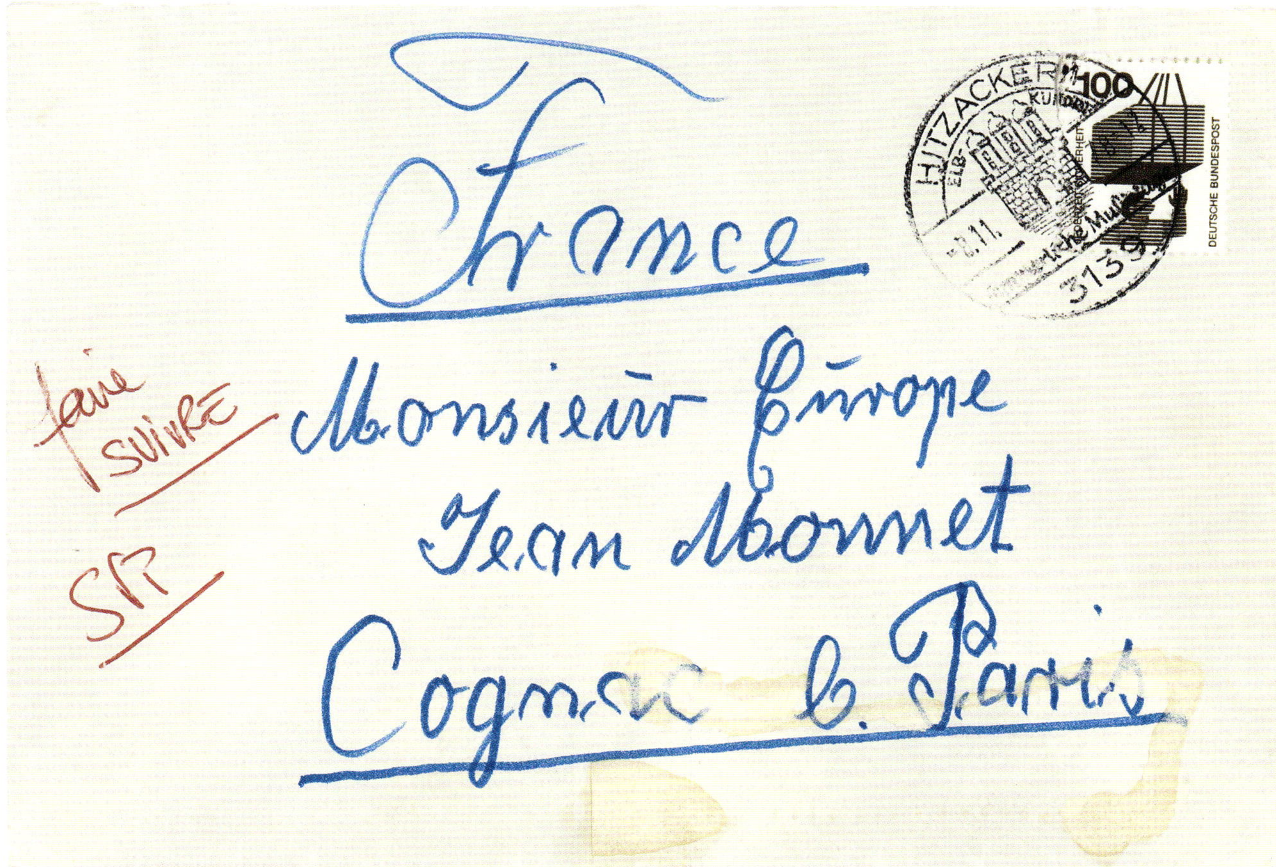

« En tant qu'ancien sous-officier de l'armée prussienne, j'ai prié en 1916 dans mon trou de tirailleur en face de la Cathédrale de Reims pour que le Seigneur parvienne à réconcilier nos deux peuples afin que cesse ce terrible massacre. Vous, comme homme politique, vous avez accompli cette tâche, et je vous en remercie... »

Allemani Hitzacker Elbe
8. Nov. 1978

Monsieur Europe Jean Monnet!

Als ehemaliger Unteroffizier der preussischen Armee habe ich in meinem Schützenloch im Angesicht der Katedrale von Reims 1916 gebetet, der Herr möge doch unsere beiden Völker versöhnen, damit dieses furchbare Morden aufhört, Sie als Politiker haben diese Aufgabe gemeistert, dafür danke ich Ihnen und gratuliere zum 90ten Geburtstag und wünsche Ihnen noch ein langes gesundes Leben, ich bin 85!

Anbei eine Danksagung in unserer Zeitung

Freundlichen Gruss
W. Meyer Posth. i. R.
3139 Hitzacker - Elbe

Réconcilier et unir les Européens

Ils ont réfléchi, ils ont agi

Face à l'ampleur des défis auxquels l'Europe et le monde vont être confrontés à l'avenir, il est utile de revenir à l'acte de naissance de l'Europe communautaire, afin d'y retrouver la force de vision et d'exemple dans l'action qui nous sont et nous seront nécessaires.

Vers la fin de ses *Mémoires*, Jean Monnet a pu écrire: « La vie est généreuse en occasions d'agir, mais il faut s'y être préparé longtemps par la réflexion pour les reconnaître et les utiliser lorsqu'elles surviennent. Il n'y a que des événements, ce qui compte est de s'en servir en fonction d'un objectif. Le mien était l'action commune. Je souhaitais en montrer la voie et les moyens aux hommes jeunes qui cherchent à rendre leur vie utile aux autres. » *Op. cit.*, p. 611.

Le but de ce livre est dès lors double. Amener celles et ceux de nos concitoyens qui se sentent concernés à comprendre comment, il y a un demi-siècle, l'Europe Unie est née de la vision et de l'action de quelques personnes déterminées à faire face à la nécessité de leur époque. Les lecteurs trouveront eux-mêmes dans la découverte et dans l'étude du contenu des documents qui nous ont été confiés aux fins de leur être communiqués l'enseignement et la conclusion qu'ils entendent en tirer. Peut-être éprouveront-ils un encouragement à penser qu'il a suffi qu'un petit groupe de personnes et d'hommes d'Etat visionnaires et déterminés aient eu le courage, au cœur de circonstances dramatiques propres à incliner à la résignation, après avoir réfléchi, de décider et d'agir, afin que leur action génère un changement d'espérance dans le cours tragique de l'histoire de notre continent. Ce changement a effectivement eu lieu. Il a valu aux Européens cinquante années de paix.

Ce livre est composé d'un ensemble de textes, de documents et de témoignages. Ils se divisent en deux groupes, ceux qui disent la réflexion, les propositions et l'action de Jean Monnet, dont plusieurs rédigés par lui-même, et d'autres qui sont le fruit d'un travail d'équipe avec ses proches collaborateurs. Le second groupe est constitué pour l'essentiel par les lettres des hommes d'Etat dont l'action va se révéler décisive dans la création de la communauté européenne originelle.

Les textes de Jean Monnet illustrent deux évolutions, l'une longue, sans aboutissement immédiat, l'autre fulgurante, qui a suscité dans le même souffle l'invention de la Déclaration du 9 mai 1950 et du Plan Schuman.

Bien que marquée par l'urgence de préparer l'initiative à prendre en Europe dès la cessation des hostilités, la note du 5 août 1943 appartient à la première catégorie. Elle dit la proximité de la fin du conflit. Elle rappelle qu'en 1918 les Alliés ont gagné la guerre et qu'en 1919 ils ont perdu la paix, parce qu'à Versailles, ils ont imposé une paix d'inégalité aux vaincus. Cette paix ratée a été précédée et accompagnée par la désintégration de quatre empires, le russe, l'allemand, l'austro-hongrois et l'ottoman. Elle a jeté les bases par le traitement réservé aux vaincus de la préparation d'une guerre de revanche dès que ceux-ci s'en seraient redonné les moyens.

La Société des Nations qui aurait dû organiser à la fois l'Europe et la Paix a failli à sa tâche, car les Puissances l'ont privée des pouvoirs qui lui auraient été nécessaires et parce que les démocraties, aveugles à la montée du péril découlant du partage de l'Eurasie par les totalitarismes de droite et de gauche, n'ont porté ni leur vision ni leur action au niveau de la nécessité de prévenir une rupture mortelle dans l'équilibre des forces européennes.

Dans sa réflexion, Jean Monnet anticipe qu'à la fin de la guerre, les peuples désemparés se tourneront vers les Alliés, les Etats-Unis, l'Angleterre et la Russie; mais les Etats-Unis porteront leurs efforts vers la guerre contre le Japon, l'Angleterre se préoccupera de maintenir son Empire, et la Russie occupera une ligne stratégique indispensable à sa sécurité. Chacun aura ce souci premier d'assurer sa sécurité et partout se développeront des mesures de protection nationale. Comme en 1918, la paix sera une paix négative, inspirée par la peur. La rancœur couvrira l'Europe et les bases d'une nouvelle guerre seront ainsi posées. Liée au continent par toutes ses fibres, la France ne peut s'en évader. Il lui appartiendra dès lors de montrer le danger, d'indiquer la voie et de proposer une méthode.

Jean Monnet réfléchit aux voies et aux moyens qui seront nécessaires pour permettre aux Européens de prendre en main leur propre destin. Il importera qu'ils créent une communauté dans laquelle il n'y aura plus ni vainqueurs ni vaincus mais des partenaires égaux devant la loi commune. Jean Monnet préconise par la fusion des marchés séparés la construction d'un grand marché, source de progrès économique et social. Il pense que le domaine d'application le plus indiqué est pour commencer celui des industries de base du charbon et de l'acier.

Il ressort de cette analyse que les Français devront amener les Européens continentaux à prendre l'initiative de cette entreprise, car, interdépendants comme ils sont les uns envers les autres, ils n'ont pas, à l'exemple des Américains, des Britanniques et des Russes, des mondes à eux dans lesquels ils peuvent se retirer temporairement si la nécessité s'en fait sentir. En outre, vainqueurs probables du conflit, ils vont être occupés à la réalisation de leurs propres objectifs immédiats liés à la fin de la guerre.

La note du 5 août 1943 est le projet presque complet d'une paix d'organisation destiné à l'Europe.

Puis intervient le temps de la création fulgurante du Plan Schuman au printemps 1950.

La nécessité est celle de l'époque. A la suite des guerres qu'elles se sont infligées les unes aux autres et qui ont bouté le feu à la planète, les nations européennes, qui furent au premier rang du rayonnement et de la puissance à l'échelle du monde, ne cessent de rétrograder derrière les nouveaux Grands.

Le défi auquel ces nations doivent faire face depuis la fin de la Première Guerre mondiale est de plus en plus évident. Si elles veulent préserver leur identité politique et culturelle, elles n'ont pas d'autre choix que de le faire en unissant leurs ressources et leurs forces dans un ensemble organisé, dynamique et puissant. Pour cela, l'Europe doit rassembler des pays forts.

Précisément, les problèmes affrontés ces dernières années sur le continent ont montré comment l'évolution développe des interdépendances de plus en plus étroites entre les pays, leurs économies et leurs industries. On l'a bien vu dans le domaine du charbon et de l'acier. On va dès lors prendre appui sur ces solidarités de fait pour créer sur les industries de base le fondement d'une dynamique d'intégration plus large et plus profonde appelée à s'étendre progressivement à l'ensemble de l'économie. Ce mouvement s'inscrit lui-même, dès l'origine, dans une finalité dont l'essence est, comme le souligneront Jean Monnet et Konrad Adenauer, lors de leur rencontre du 23 mai 1950 à Bonn, politique, voire morale.

L'urgence, elle, est commandée par les circonstances. Elle est alors extrême. L'Europe divisée apparaît à Jean Monnet et à d'autres protagonistes comme un espace vide entre les deux Grands. L'enjeu passif qu'elle constitue pour eux dans leur affrontement pour la domination du monde les a entraînés dans une guerre froide de plus en plus dangereuse qui peut à tout instant dégénérer en un conflit ouvert.

A cela s'ajoutent trois événements aux conséquences considérables: l'imminence d'une crise majeure sur le marché de l'acier, les menaces de conflit qui s'élèvent en Asie et qui seront confirmées, le 25 juin 1950, quelques jours après l'ouverture à Paris de la négociation du Plan Schuman, par le déclenchement de la guerre de Corée, enfin le commencement du processus des guerres de décolonisation.

La lecture des projets et des témoignages des protagonistes montre avec quelle rapidité et quelle maîtrise un dispositif institutionnel et opérationnel a été alors construit pour adapter l'action à la poursuite des objectifs. Ceux-ci constituent en fait le bien commun des pays membres, celui dont la réalisation doit leur permettre de persister dans leur être.

Dégager les intérêts communs de ces pays et les gérer, telle est la mission qui sera confiée à une communauté dotée à cette fin d'institutions auxquelles les Etats sont invités à déléguer dans le domaine d'application choisi le pouvoir de décider et d'agir.

On entend ainsi prévenir dans la communauté la résurgence des hégémonies qui ont généré les conflits. On veut substituer la solidarité à l'affrontement. De l'interdépendance des intérêts à la prise de conscience d'une solidarité qui lie les nations et les personnes, on passe à la construction d'une communauté et d'institutions appelées à gérer les intérêts communs et à construire un destin effectivement partagé.

La manière avec laquelle le projet a été transformé en une réalité vivante montre que pour réussir une telle entreprise, il faut que l'esprit et les modalités d'application soient portés et tenus à la hauteur de ses finalités. Jean Monnet se regardait essentiellement comme un praticien et c'est aussi à ce niveau que l'on mesure non seulement sa force de vision et de persuasion, mais la dimension de son autorité morale.

On en retrouve l'expression diverse et convergente dans l'image qu'ont laissée de lui certains de ses proches collaborateurs. Pour François Duchêne, il a été le premier homme d'Etat de l'interdépendance. Paul Delouvrier, François Fontaine et Max Kohnstamm ont vu en lui un philosophe de l'action. Pour Michel Gaudet, Jean Monnet est par excellence un artisan d'union. Enfin, pour l'un de ses successeurs, Jacques Delors, qui se référait à Thucydide, Jean Monnet a posé le fondement institutionnel qui doit permettre à la Communauté européenne de substituer l'arbitrage du Droit à celui de la force.

Si l'on veut bien se souvenir qu'il a été à toutes les étapes de sa vie non seulement un visionnaire du monde en mouvement mais un pêcheur d'hommes pétris dans la même pâte que lui, on comprend à la lecture des documents ici rassemblés et du récit de l'action dont ils ont été la source quelle force de changement une entreprise aussi réfléchie et volontariste que le Plan Schuman a pu développer en Europe au milieu du siècle.

La même observation vaut évidemment pour les hommes d'Etat qui ont été alors les partenaires de Jean Monnet, pour eux et pour leurs conseillers.

Que plusieurs de ces responsables aient été des hommes des régions frontières dont la vie a

été, comme celle de leurs pays et de leurs régions, marquée par l'expérience d'une longue période de crises et d'affrontements, souligne ce qu'a dû être pour eux la nécessité vitale d'harmoniser dans leur mémoire, dans leur sensibilité et dans leur esprit l'intérêt national et l'intérêt commun européen. On imagine aussi quel stimulant leur engagement personnel et celui de leur pays, à leur initiative, dans la première étape concrète de la réconciliation et de l'union des Européens ont dû signifier pour de tels hommes.

Justement, à regarder de plus près dans les textes, y compris dans les agendas de Jean Monnet, les noms des personnages qui apparaissent dans les diverses phases de la naissance de l'idée-force et de sa transformation en une réalité vivante, on y découvre l'importance au sein des nations diverses concernées d'un milieu d'hommes pour qui le service de l'intérêt public a été et est la première des priorités. On y voit aussi qu'entre la génération des Fondateurs, qui ont vécu deux guerres, et la troisième, celle des jeunes gens qui les assistent dans leur réflexion et dans leur action, passe le courant fort d'hommes et de femmes pour qui la conscience du désastre absolu que signifie la guerre les a poussés à affronter tous les obstacles, afin d'en prévenir le retour grâce à un engagement personnel illimité et à une organisation nouvelle du continent.

Dans cette perspective, il est intéressant d'observer le progrès capital que le Plan Schuman a apporté en 1950 à cette entreprise. Jusqu'alors, elle avait bénéficié de la réflexion et de l'engagement déployés par les éveilleurs de la conscience européenne. De Winston Churchill aux hommes et aux femmes de bonne volonté, issus des milieux les plus divers, d'anciens combattants, de prisonniers de guerre, de rescapés de camps de concentration ou de résistants, ils ont été nombreux à unir leurs voix et leurs forces afin de donner à l'Europe un avenir qui tourne le dos à son passé. Déjà des pionniers, comme Richard de Coudenhove-Kalergi, créateur au début des années vingt du projet d'union paneuropéenne, et un groupe d'intellectuels non conformistes, conduits notamment par Alexandre Marc, Arnaud Dandieu et Denis de Rougemont, inventeurs dans l'entre-deux-guerres du personnalisme, du fédéralisme et du régionalisme conjugués, avaient, avec le Polonais Joseph Retinger, montré la voie. Ensemble, ils avaient ensemencé en 1948 avec leurs idées le Congrès de l'Europe à La Haye, qu'allait présider Winston Churchill.

Le milieu qui a fait du Plan Schuman la réalité vivante de la première communauté européenne lui a incorporé les mêmes hautes finalités qui ont animé l'esprit des hommes et des femmes, éveilleurs de la conscience de leurs concitoyens et inventeurs de l'Europe des idées et des valeurs.

Le récit que les protagonistes ont laissé de l'échec des conversations conduites à Londres dès le 10 mai avec les Britanniques et de l'accord de six pays continentaux de convoquer la Conférence du Plan Schuman a permis de prendre la mesure, comme Emile Noël ne cessera de le rappeler, de ce qu'a signifié au printemps 1950 la création au sein de la grande Europe d'alors, rassemblée dans l'OECE et dans le Conseil de l'Europe, d'une avant-garde forte de la volonté et des moyens d'assumer son propre destin.

Le fait qu'une des voies choisies ait abouti à une réalisation concrète constitue un grand progrès pour l'ensemble des efforts déployés, car leur poursuite exigera toujours que cette construction conjugue pour avancer la motivation qui vient du souffle des objectifs qui l'inspirent et de la mise en œuvre des moyens qui leur sont subordonnés.

Dans cette grande affaire, l'expérience relatée dans les documents et témoignages montre en plus l'importance qu'ont revêtue continûment la vision d'ensemble, le sens de la nécessité et de l'urgence, l'appréciation des circonstances et le rôle des institutions pour assurer dans la durée la transmission de l'expérience de génération en génération, à partir de cette communauté originelle dont les premiers bâtisseurs ont tenu à souligner qu'elle était non seulement économique, mais politique et même morale.

A deux ou trois exceptions près, on ne note pas dans ces textes et dans l'évocation des personnes et des milieux la présence de représentants des industries de la sidérurgie et des charbonnages. On en a vu la raison: la nécessité de ne soumettre le Plan Schuman à aucune négociation préalable au niveau des intérêts concernés. On ne tardera pas à faire la connaissance de ce milieu et de ces personnages qui, eux aussi, ont vécu profondément la tragédie des guerres civiles européennes. On les verra bientôt à l'œuvre lors de la négociation du Traité de Paris. Le fait que six gouvernements se soient décidés à accepter de s'engager sur la base des principes qui ont justifié sa conception est une autre caractéristique, et pas des moindres, de l'originalité du Plan Schuman.

Les Fondateurs et les gouvernements des Six devront dès lors prendre en compte la réaction naturelle de méfiance, voire d'opposition, que cette façon de faire va susciter parmi les industriels de la sidérurgie et des charbonnages. Tenus à l'écart de l'entreprise, ces derniers seront bientôt appelés à relever le défi de s'adapter à la dimension d'un grand marché intérieur au sein duquel les règles de la concurrence substitueront leur loi à celle des anciens cartels.

Il est vrai que, à la fin de la période embrassée, les circonstances ont provoqué un changement radical de la conjoncture économique. Dès le 25 juin 1950, à la suite du déclenchement de la guerre de Corée, la dépression profonde qui régnait jusque-là sur les marchés des matières de base fait place à l'effervescence de la demande. En outre, l'aspiration vers l'Asie des soldats américains stationnés sur le continent pour le protéger de la menace soviétique exige que l'Europe se donne les moyens d'assurer sa sécurité par ses propres forces. Le soldat allemand est appelé à prendre sa place dans cet effort collectif. C'est alors que le projet de création d'une communauté européenne de défense, complémentaire de celui qui vise à l'intégration des industries de base, soulève des oppositions virulentes, particulièrement en France où sa discussion dégénère en une crise politique majeure. Le projet y est enterré par l'Assemblée nationale à la fin du mois d'août 1954. Deux ans plus tôt, le 10 mars 1952, Staline avait tenté un grand coup en offrant à Bonn la réunification de l'Allemagne en échange de sa neutralisation, c'est-à-dire contre sa sortie de l'entreprise européenne. Une acceptation aurait scellé le sort du Plan Schuman. Le refus du chancelier Adenauer permet de maintenir l'élan que lui ont donné les Fondateurs et les gouvernements des Six. Conscients de la malice des temps, ils avaient d'ailleurs accéléré leurs travaux sous la présidence de Jean Monnet, si bien que dix mois après la Déclaration Schuman du 9 mai 1950, le Traité de Paris instituant la Communauté européenne du charbon et de l'acier peut être signé le 18 avril 1951. Après que onze assemblées parlementaires eurent ratifié le Traité dans les six pays, la Communauté peut entrer en vigueur le 10 août 1952 à Luxembourg. Il est inouï que cinq ans, presque jour pour jour, après la fin des hostilités en Europe, l'idée de créer dans la partie occidentale du continent sur le charbon et sur l'acier, clés de la puissance industrielle et militaire des nations, une première communauté constituée par six d'entre elles, ait pu être transformée en une réalité vivante avec une telle vigueur et une telle rapidité.

A l'exemple de la monnaie, la défense est l'un des symboles essentiels de la souveraineté nationale. L'échec du projet d'instituer une Communauté européenne de défense et la violence des passions qu'il a suscitées ont donné la mesure de la qualité et de l'ampleur de l'effort d'information et de persuasion que les Européens auront à développer s'ils entendent assumer un jour eux-mêmes la responsabilité de leur sécurité. Sans doute, la malice des temps, la nature et le coût des mutations qui marquent et qui marqueront le domaine de la défense, à l'instar de ce qui se passe ailleurs, contribueront-ils au réveil des esprits.

L'ombre ainsi projetée par cet échec sur la création de la première communauté européenne a souligné en même temps que sa fragilité l'originalité et la fécondité des choix opérés et de la percée historique réalisée au service de la construction de l'Europe communautaire.

En fait, tirant parti de l'enseignement des échecs observés et vécus autrefois dans la tentative de créer l'Europe par le haut, Jean Monnet et ses compagnons bâtisseurs ont été à l'origine de deux des accomplissements essentiels à la poursuite de la construction. Ils ont décidé d'incarner leur idée dans une première réalisation à la fois concrète et significative. Ils ont veillé à la doter d'institutions représentatives de l'intérêt commun européen et capables de nourrir un dialogue permanent entre ces institutions et celles qui représentent les intérêts des nations rassemblées.

Ainsi, dans le domaine choisi pour donner corps au Plan Schuman, il s'agira, comme Jean Monnet et le professeur Paul Reuter en avaient convenu dans leur entretien du 16 avril 1950, d'« ouvrir dans les dures murailles des souverainetés nationales une brèche suffisamment limitée pour rallier les consentements, suffisamment profonde pour entraîner par ses heureux résultats les Etats dans la même voie progressive de l'unité dans la paix ». (Voir ci-dessus p. 112, et p. 7 des annexes.)

L'organisation de l'industrie du charbon et de l'acier à l'échelle européenne va dès lors servir de fondement à la création graduelle de l'Europe communautaire. Par la gestion de l'intérêt commun, celle-ci ouvre la porte à la sauvegarde de la paix en dedans et en dehors. En retour, la responsabilité de la Communauté nouvelle s'étend à celle de veiller à ce que soit bien géré l'immense patrimoine humain, économique, industriel, culturel et social qui lui est confié. Au saut politique dans l'inconnu accepté par les hommes d'Etat correspond le pacte de confiance qui devra se nouer le plus tôt possible dès son installation entre la Communauté nouvelle et les responsables des entreprises, le monde des ouvriers et le milieu humain et social que leur travail fait vivre.

Robert Schuman formule son exigence face à cette communauté en écrivant dans *Pour l'Europe*: « Cet ensemble ne pourra et ne devra pas rester une entreprise économique et technique:

il lui faut une âme, la conscience de ses affinités historiques et de ses responsabilités présentes et futures, une volonté politique au service d'un même idéal humain. »

Nagel, Paris, 1963, p. 78.

La responsabilité que les Européens assument à l'endroit du patrimoine spirituel et culturel qu'ils détiennent nous amène à fixer ici un point de repère qui accompagnera toute l'évolution ultérieure. Il s'agit de la tension qui apparaît dans la pensée et dans l'action de Jean Monnet entre deux pôles. Dès sa lettre du 18 avril 1948 à Robert Schuman, il dénonce le risque de la dépendance dangereuse qui pourrait s'établir dans les relations entre l'Amérique puissante et généreuse et les nations européennes si elles devaient rester séparées et rivales, et il préconise que celles-ci cherchent dans l'union le fondement d'un partenariat authentique. Dans sa conversation du 23 mai 1950 avec le chancelier Adenauer, Jean Monnet réaffirme une des raisons pour lesquelles il est essentiel à ses yeux que l'Europe sauvegarde grâce à l'union le génie propre qu'elle tient de la richesse de sa diversité, source des contributions les plus éminentes qu'elle a apportées dans le passé et qu'elle apportera de nouveau à l'avenir à la civilisation universelle.

L'Inspirateur et les Fondateurs ont confié l'héritage de leur invention et de leur entreprise à des institutions qui en ont assuré la durée à travers une chaîne de successeurs. Ils ont ainsi mis ceux-ci et les Européens au défi de faire à leur tour pour les générations qui les suivront l'équivalent de ce que les Fondateurs ont fait pour nous.

C'est pourquoi, méditant après un demi-siècle sur le contenu des documents qui disent ce que les Fondateurs ont pensé et voulu et comment ils ont agi, nous entendons résonner en nous la voix de Jean Monnet qui prolonge leur réflexion en entraînant la nôtre vers l'avenir. « Lorsqu'une idée répond à la nécessité de l'époque, elle n'appartient plus à ceux qui l'ont créée et elle est plus forte que ceux qui en ont la charge. » (*Mémoires, op. cit.*, p. 599.) Le moment est bienvenu de nous efforcer de retrouver le souffle des origines en faisant de la construction de l'Europe l'affaire et la responsabilité des citoyens en même temps que celle des dirigeants. C'est là une des premières urgences de l'Europe d'aujourd'hui.

Mais l'engagement se double d'un avertissement grave. Le monde, l'Europe et la société qui ont vécu de grandes mutations depuis 1950 vont en vivre de plus grandes encore. Elles comportent une perte des repères qui est source de désarroi profond, notamment parmi la jeunesse. Etre en mesure de bien discerner la nécessité de la nouvelle époque est dès lors d'autant plus important que de la nécessité naît l'urgence et de celle-ci l'action commune, motivée et utile. Un demi-siècle d'expérience n'a cessé de souligner la pertinence d'une évidence que Jean Monnet a mise en lumière et qui conserve toute sa force pour l'avenir: « Nous n'avons que le choix entre les changements dans lesquels nous serons entraînés et ceux que nous aurons su vouloir et accomplir. »

Exposé devant l'Assemblée commune de la CECA, Strasbourg, 12 mai 1954. Archives Jean Monnet, AMH 11/21/13.

Le monde, l'Europe et la
grandes mutations depuis
grandes encore. Bien disce
velle époque est d'autant
nécessité naît l'urgence e
mune, motivée et utile. Un c
cessé de souligner la pert
Jean Monnet a mise en lum
force pour l'avenir: « Nous n
changements dans lesque
ceux que nous aurons s

société qui ont vécu de
1950 vont en vivre de plus
ner la nécessité de la nou-
plus important que de la
de celle-ci l'action com-
emi-siècle d'expérience n'a
nence d'une évidence que
ère et qui conserve toute sa
avons que le choix entre les
s nous serons entraînés et
u vouloir et accomplir. »

Sources des illustrations

2 Agip, Paris. Photo Robert Cohen, Paris.

24 Agip, Paris. Photo Robert Cohen, Paris.

72 Don de Yousuf Karsh, Ottawa, à Jean Monnet. Autorisation de publier sollicitée par l'aimable entremise de Jean Genoud, Le Mont-sur-Lausanne.

100 Médiathèque de la Fondation Jean Monnet pour l'Europe, Lausanne. Don de Gaston Autigeon, Paris, auteur de la photo, à la Fondation Jean Monnet pour l'Europe, Lausanne.

136 Time-Life, New York. Photo Nathan Farbman, New York.

166 Keystone, Zurich. Photo Photopress, Zurich.

174 Keystone, Zurich. Photo Photopress, Zurich.

184 Don de la Stiftung Bundeskanzler-Adenauer-Haus, Rhöndorf, Bad Honnef, à la Fondation Jean Monnet pour l'Europe, Lausanne.

200 Keystone, Zurich. Photo Photopress, Zurich.

208 Photothèque de la Commission européenne (3 illustrations), Bruxelles.

210 Médiathèque de la Fondation Jean Monnet pour l'Europe, Lausanne. Fonds Robert Pendville. Tous droits réservés.

211 Don de Maria Romana Catti-De Gasperi, Rome, à la Fondation Jean Monnet pour l'Europe, Lausanne. Photo Yousuf Karsh, Ottawa.

222 Amherst College Archives and Special Collections, Amherst, Massachusetts. The John McCloy Papers.

247 Photo Ferdi Hartung, Saarbrücken.

257 Agip, Paris. Photo Robert Cohen, Paris.

269 Don de Henri Cartier-Bresson, Paris, à la Fondation Jean Monnet pour l'Europe, Lausanne, par l'aimable entremise de Jean Genoud, Le Mont-sur-Lausanne.

Les éditeurs se sont efforcés, dans toute la mesure du possible, de rechercher les sources exactes des illustrations. Certains photographes, cependant, n'ont pu être identifiés avec précision, ou retrouvés et contactés. Que l'on trouve ici l'expression des excuses des éditeurs pour d'éventuelles omissions ou erreurs. Les droits des photographes restent strictement réservés.

Cet ouvrage produit par l'Entreprise d'arts graphiques Jean Genoud SA au Mont-sur-Lausanne, Suisse, avec la collaboration de Sandra Binder pour la conception graphique, a été achevé d'imprimer en avril 2000. La reliure a été confiée à la maison Hans Burkhardt AG, à Mönchaltorf.